机床再制造技术

主　编　张　莹　甄彩霞　谢伟东
副主编　高爱利　黄　颖　郝岩利　敖林喆　张超群
参　编　付川川　姜澎涛　杨翠丽　李运强

西南交通大学出版社
·成　都·

图书在版编目（CIP）数据

机床再制造技术 / 张莹，甄彩霞，谢伟东主编. —
成都：西南交通大学出版社，2021.1
ISBN 978-7-5643-7736-6

Ⅰ. ①机… Ⅱ. ①张… ②甄… ③谢… Ⅲ. ①机床－制造工业－研究－中国 Ⅳ. ①F426.42

中国版本图书馆 CIP 数据核字（2020）第 196172 号

Jichuang Zaizhizao Jishu
机床再制造技术

主编 张 莹 甄彩霞 谢伟东

责任编辑 张少华
封面设计 GT 工作室

出版发行 西南交通大学出版社
（四川省成都市金牛区二环路北一段 111 号
西南交通大学创新大厦 21 楼）
邮政编码 610031
发行部电话 028-87600564 028-87600533
网址 http://www.xnjdcbs.com
印刷 四川煤田地质制图印刷厂

成品尺寸 185 mm × 260 mm
印张 6.75
字数 162 千
版次 2021 年 1 月第 1 版
印次 2021 年 1 月第 1 次
定价 38.00 元
书号 ISBN 978-7-5643-7736-6

课件咨询电话：028-81435775
图书如有印装质量问题 本社负责退换

前 言

PREFACE

机床再制造与制造新产品相比，可节能 60%，节材 70%，节约成本 50%，几乎不产生固体废物，大气污染物排放量降低 80% 以上。再制造有利于形成“资源—产品—废旧产品—再制造产品”的循环经济模式，可以充分利用资源，保护生态环境。

我国是世界上机床保有量最大的国家，2017 年底我国的机床保有量近 1 300 万台。但是，机床整体的技术水平却比较落后，役龄在 10 年以上的机床占 60% 以上，一些 20 世纪 70、80 年代的机床仍在服役，它们的系统已落后、性能较低，精度上很难满足产品加工的技术要求。这些机床需要更新换代、技术升级，非常适合进行机床再制造。发展再制造产业有利于形成新的经济增长点，为社会提供大量的就业机会。

2010 年 5 月 31 日，国家发展和改革委员会、科学技术部、工业和信息化部等 11 部委发布了《关于推进再制造产业发展的意见》，将机床行业作为推进再制造产业发展的重点领域。在完善再制造产业发展的政策保障措施中强调要培养专业人才。鼓励在高等院校和职业技术学校有关专业中设立再制造课程，通过校企合作、订单式培训、在岗人员技能培训等多种模式，加快技术人才培养，为再制造产业发展提供人才保障。

在《中国制造 2025》五大工程的绿色制造工程中专门提到了“再制造”，“到 2025 年，制造业绿色发展和主要产品单耗达到世界先进水平，绿色制造体系基本建立”。

齐齐哈尔工程学院已于 2007 年开始开设机床再制造技术课程,同时依托学院所属的齐齐哈尔齐三机床有限公司的机床再制造中心开展实践教学。

本书依据一台典型机床的再制造生产全过程为主线编写而成，全书分为 8 章，系统全面地介绍了机床再制造从方案确定，到机床拆卸、零件维修，再到机床装配、试车验收的全过程。

本书由齐齐哈尔工程学院张莹编写第 6 章，甄彩霞编写第 8 章，谢伟东编写第 7 章，高爱利编写第 5 章，郝岩利编写第 1 章，敖林喆编写第 2 章，张超群编写第 3 章，黄颖编写第 4 章，姜澎涛、付川川、杨翠丽、李运强参与绘图、校核等工作，全书由谢伟东负责统稿。由于编者水平有限，书中难免还存在一些疏漏和不足之处，恳请广大读者批评指正。

编　者

2020 年 8 月

目　录

CONTENTS

第1章 绪论

1.1 机床再制造的意义

1.2 机床再制造的条件

1.3 机床技术资料准备

1.1 机床再制造的意义

机床再制造工程是以机床全寿命周期设计和管理为指导，以优质、高效、节能、节材、环保为目标，以先进技术和产业化生产为手段，恢复或改造废旧机床的一系列技术措施或工程活动的总称。机床再制造不同于机床维修。机床维修是在机床使用阶段为了保持其良好技术状况及正常的运行而采取的技术措施，常具有随机性、原位性、应急性；而机床再制造是将有再制造价值的废旧机床作为再制造毛坯，利用新技术对其进行批量化修复、性能升级，所获得的再制造机床在技术性能上可达到甚至超过新机床的水平。机床再制造也不同于机床的再循环。再循环是通过回炉冶炼等加工方式，将报废机床返回到原材料；再制造是将报废机床作为高级资源而最大限度利用的“回收”方式，其生产成本要远远低于新机床制造的成本。因此，机床数控化再制造可以充分利用原有资源，减少浪费，绿色环保，达到机床设备的更新换代和提高机床性能的目的。机床再制造的资金投入要比从原材料起步进行制造的新数控机床少得多，对环境污染也少得多。

据了解，容易接受再制造机床的用户一般对机床比较了解，具有一定的使用经验和相应的机床专业知识。它们通过对新品和再制造产品的对比使用，认为购买使用再制造产品更有优势。

机床再制造的意义主要有以下三个：

一是制造周期短，尤其是大型、重型设备，如果用新产品，制造周期至少需要 18 个月，而二手机床再制造的周期只要 8 ~ 10 个月，大大节省了时间，保证了工期。对于制造企业来说，工期是非常重要的，往往节省下来的时间就可以把成本收回了。

二是价格低，再制造机床的费用大约只相当于同类新产品价格的 1/3 ~ 1/2，一些大型重型机床甚至只相当于 1/5。

三是了解机床性能，旧机床的稳定性比新机床更好。

机床再制造一般由专业维修改造公司（简称维改公司）进行，其主要特点是规模不大，属于技术密集型企业；品牌优势明显，硬件条件相对较弱；以民营、股份制企业为主，企业效益大都较好。

多数专业维改公司属于技术密集型企业，主要人员都具有比较高的技术水平，技术人员占公司人数的 90% 以上。这些专业的维改公司在技术上有特长侧重，主要分为以下几类：一是以机械部分的再制造为主；二是以电气数控系统的再制造为主；三是既能进行机械维改又能进行数控化改造的综合服务公司。

从在机床再制造中配备的数控系统来看，目前西门子、法那科等国际知名品牌仍占据着大部分的市场份额。尤其是重型机床、超重型机床的再制造，一般用户都会指定用国际名牌的数控系统。20 世纪 90 年代以后，我国的国产数控系统，如华中数控、航天数控、广州数控等逐步成熟起来，在市场中占有越来越多的份额，一般小型机床配备国产数控系统的相对比较多。

1.2 机床再制造的条件

1.2.1 三类再制造模式

从目前我国机床再制造的现有模式分析，主要有三大类：再制造商与用户之间的订单式服务模式、回收二手旧机床进行再制造模式及机床置换模式。

其中，再制造商为用户提供的订单式服务，是目前我国机床再制造的主要模式。大多是再制造商通过投标等方式为用户提供老旧机床设备的再制造升级。根据用户的要求，签订合同和技术协议，再制造之后，按照技术协议进行验收。

当前，一些大重型机床的改造主要采取再制造公司的技术人员走出去，依靠用户的场地及设备，进行现场维改的方式。不同的公司技术特长不同，其薄弱环节采取分包的方式进行。例如，机强电弱的企业，通常把电部分包给其他公司，反之亦然。又如国外系统的备品配件，公司间都有相互的技术协议支持。但经营方式都是采取机电结合、技术互补、统一承包的方式。

目前，一些比较大的再制造商可以为客户提供机电液一站式交钥匙服务。一般大型机床、重型机床都是单件的再制造，很难形成批量，因为很多重型机床吨位很大，价值很高（一台价值上千万元甚至几千万元）。

与此同时，回收二手旧机床进行再制造也是通用的一种模式。目前，国内少数公司在尝试回收废旧机床，通过整机再制造升级后再进行销售的做法。这也是我们理解的真正意义上的机床再制造，但目前这种做法还是非常少的，主要是因为买进旧机床需要占用大量资金、场地等，而专业维改企业在这些方面往往都很薄弱。

此外一些原始机床制造商也在尝试机床置换的模式，也就是回收已售出的旧机床进行再制造，为用户提供以旧换新服务。

1.2.2 再制造的三大主体

目前，在中国从事机床再制造的主要力量是专业机床再制造企业，习惯称为机床维修改造企业，此外还有机床制造企业及数控系统制造企业，这三类企业构成了当前国内机床再制造的主体。

在我国，专业维改企业大大小小约有几百家。其中，北京圣蓝拓、武汉赛特曼、武汉华中自控、唐山重型机床、齐重数控等企业的再制造业务占比很大。

机床制造企业从事再制造业务有很大优势，但现实的情况是，由于新机床的市场形势非常好，这些企业往往没有精力从事再制造业务。

在我国机床制造企业中，多数没有再制造业务，其他涉及再制造的企业，其再制造业务占企业总业务的比例非常小。

另外，数控系统制造企业也有再制造业务，尤其是企业成立初期所占的业务比例较大，它们从事再制造的目的主要有两个：一是通过机床再制造推广其数控系统，取得用户的信任，树立品牌；二是在再制造的实践中锻炼自己的技术队伍，培养复合型人才。目前，这些企业的主要精力是推广其数控系统，再制造业务已经微乎其微了。

1.2.3　再制造产品受到用户单位普遍认可

目前国内已有一些单位大量使用了再制造机床产品，如包头钢铁公司、济南柴油机厂、武汉长江动力集团、重庆秋田齿轮厂、唐山中材重型机械有限公司等。

据了解，重庆秋田齿轮的100多台旧机床由重庆二机床进行了数控化再制造，每台机床的再制造费用只有同类新机床的一半，秋田齿轮对再制造机床非常满意。

唐山中材重型机械有限公司80%的设备都是经过再制造的进口二手设备，是典型的使用再制造产品的用户。使用后发现再制造以后的产品精度等都能达到使用要求，且再制造后的价格大约只相当于新产品价格的1/5。

1.2.4　机床制造企业再制造优势明显

由于机床制造商是老旧机床的原始生产者，在机床再制造中具有明显的优势。国外有制造商责任制，要求将用户用了很多年后的机床返回到原制造商，成为现有机床制造模式的延伸。

在技术优势方面，机床制造商在再制造的过程中，可以充分利用已有的技术对产品进行再制造。由于原制造商了解机床的工况，因此技术成本更有竞争优势。

在人才优势方面，再制造是一门新兴产业，目前相关的人才比较短缺，机床制造商可以充分利用已有的机床制造人才，开展再制造业务。

在品牌优势方面，机床制造商大多已经形成自己的品牌，在市场上有一定的客户信誉度，可以利用已有的品牌效应，取得客户的信任，逐渐打造再制造机床品牌。国外的经验证明，优秀的机床制造企业从事再制造更容易被用户所接受。

在物流优势方面，机床制造商掌握用户的信息，可以很好地设计回收渠道和回收物流，便于机床回收。另外，制造商可以考虑从出售机床转向出售解决方案，为用户提供全方位的服务，帮助用户经济、合理和高效地使用机床。同时，这也可以保持机床的可用性，提高利用率，为用户创造更多价值。

与此同时，很多机床制造企业对于从事再制造有一定顾虑。

第一，由于社会上对于机床再制造存在许多错误观念，所以机床制造企业在从事再制造业务时，怕被用户看作是机床改装厂而不是机床制造厂，担心用户在买新机床时会认为是再制造的产品，从而影响企业的信誉，所以一些企业即使有再制造业务也予以否认。据了解，现在一些机床制造厂的再制造业务，主要是为用户定点来做的。

第二，很多企业担心在再制造上投入的精力过多，影响新产品的开发、生产与市场，从而与新品形成竞争。

第三，由于技术进步飞速，有些企业依靠规模优势，新机床的价格被压得很低，对再制造产品形成压力。

1.3 机床技术资料准备

立式车床也同其他金属切削机床一样，修理前，必须按《金属切削机床通用技术条件》（GB 9061—2006）、《金属切削机床精度检验通则》（JB 2670—82）（IS02301-1—96）、《机床工作精度和位置精度的统计检验原理》（VDI/DGQ 3441）、《数控立式车床 精度检验》（JB/T 9934.1—1999）的要求进行机床再制造设备档案、技术资料等（包括机床机械、电器、液压的使用说明书，机床易损件明细表，机床设备档案等）的准备，这是机床再制造的关键步骤。

第2章 机床再制造技术方案的确定

2.1 机械部分

2.2 电气部分

2.3 数控改造部分

2.4 机床主要精度

机床再制造的技术方案是依据设备使用单位与设备维修单位对设备现状及再制造后所要达到的标准拟定的机械、电气、液压等各方面采取的再制造方法。

2.1 机械部分

2.1.1 大件加工及修理

（1）工作台底座：工作台底座导轨采用自磨机进行磨削加工，圆周上径向跳动 0.02 mm，导轨表面粗糙度 *Ra*0.8 μm。

（2）工作台：工作台导轨与工作台底座导轨合研、配刮，接触达 85%。

（3）横梁：横梁导轨采用导轨磨床精磨加工，直线度 0.02 mm/1 000 mm，全长 0.04 mm，导轨表面粗糙度 *Ra*0.8 μm，横梁背面导轨与立柱合研、配刮，同时配刮斜铁及压板。

（4）立柱：立柱导轨采用导轨磨床精磨加工，直线度 0.02 mm/1 000 mm，全长 0.03 mm，导轨表面粗糙度 *Ra*0.8 μm。

（5）滑座：滑座导轨与横梁导轨合研、配刮，同时配刮斜铁及压板。

（6）方滑枕：方滑枕导轨面采用导轨磨床精磨加工，导轨的直线度 0.02 mm/1 000 mm，全长 0.03 mm，相对两导轨面平行度 0.02 mm，导轨表面粗糙度 *Ra*0.8 μm。

（7）回转滑座:回转滑座导轨与方滑枕导轨合研、配刮，同时配刮斜铁及压板。

（8）侧刀架滑座:侧刀架滑座与立柱全研、配刮同时配刮斜铁及压板。

（9）侧刀架滑枕与滑座合研、配刮同时配刮斜铁及压板。

2.1.2 工作台及主传动齿轮箱

（1）工作台部分：拆卸、清洗、检查，更换主轴轴承，更换其他破损的零部件。

（2）主传动齿轮箱：拆卸、清洗、检查，进行常规修理，更换有研伤的轴承，更换磨损件。

（3）横梁升降箱及传动杠：拆卸、清洗、检查，更换破损的零部件。

（4）进给部分：各滑动导轨面采用贴塑处理，减小摩擦系数，各部斜铁也采用贴塑处理，更换侧刀架进给丝杠、螺母同时对侧刀架进行大修。

（5）夹紧及平衡机构：检查各部液压夹紧及平衡机构，更换损坏件及密封件，修复和调整机械配合间隙。

2.1.3 液压及润滑装置

（1）检查和调整主轴静压系统，更换损坏的零部件、液压件。

（2）改造主变速箱液压部分，更换新型板式阀结构，对管路合理布局，使其无漏油现象。

2.2 电气部分

（1）刀架数控系统选用西门子 802D 系统。

① 显示屏：10.4 英寸彩色液晶显示器。

② 具备标准 RS-232 通信口。

③ 电子手摇脉冲编码器。

（2）重新制作电气柜及按钮站。各电气元件布置合理，布线有序规范。

（3）更换电柜内所有电气元件，选用国内名优产品。

（4）清洗所有保留电机，并做载荷试验。

（5）更新所有床身立柱走线，各电气元件布置合理，布线有序规范。

2.3 数控改造部分

（1）*X* 轴（水平进给）：*X* 轴设计、制作一减速箱，安装在横梁一侧，由 1FK6 系列交流伺服电机驱动，经减速箱、精密滚珠丝杠带动滑座实现 *X* 轴的进给。减速箱内的齿轮均采用磨齿加工，轴与轮采用胀套形式连接，可以达到无间隙传动。

（2）*Z* 轴（垂直进给）：*Z* 轴设计、制作一减速箱，安装在滑枕上，由 1FK6 系列交流伺服电机驱动，经减速箱、精密滚珠丝杠带动滑枕实现 *Z* 轴的进给。减速箱内的齿轮均采用磨齿加工，轴与轮采用胀套形式连接，可以达到无间隙传动。

（3）*X*、*Z* 轴增设拖线系统（坦克链）。

（4）刀架各滑动面润滑采用南京贝奇尔定时定量润滑泵。

（5）主轴编码器系统：在主轴内重新设计一套装置，用于安装主轴编码器，实现切削螺纹功能。

（6）横梁导轨采用全封闭不锈钢防护罩。

2.4 机床主要精度

（1）机床几何精度见原机床精度检验单。

（2）改造后的主要精度：

① 定位精度：*X* 轴 0.02 mm；*Z* 轴 0.03 mm。

② 重复定位精度：*X* 轴 0.03 mm；*Z* 轴 0.035 mm。

③ 最小分辨率：*X* 轴 0.001 mm；*Z* 轴 0.001 mm。

④ 加工试件表面粗糙度：*Ra*1.6 μm。

⑤ 加工试件精度：IT6 ~ IT7。

第3章

技术协议与合同的签订

3.1 再制造技术协议的签订

依据双方所确定的机械、电气、液压等各方面采取的再制造方法，签订再制造书面文件，并以此文件作为再制造的指导。

C5112Ex10/5 型立式车床数控改造技术说明如下。

1．数控系统

数控系统采用德国西门子公司的 802D，伺服电机采用西门子电机，系统功能有固定循环、主轴功能、刀具功能、辅助功能、螺距补偿、CRT（阴极射线）显示、程序存储、报警、RS-232 串行接口等。进给系统取消原普通进给箱，重新设计二级齿轮减速机构，由交流伺服电机驱动，经减速机构降速，滚珠丝杠传动，使刀具获得进给运动及快速进给运动。

2．工作台

保持基本结构不变，重新设计液压三爪卡紧机构及油缸、卡爪等，安装在原工作台中心及辅助卡体中，从而实现自动卡紧、放松运动。由于增加了机床卡紧油缸，受原机床结构限制，机床地基需做相应修改。还可根据用户的其他特殊要求，做适应性改造，如主传动系统改造，机床加工规格加大等。

3．液压系统

在保持原机床液压系统不变的前提下，因增加了三爪液压卡盘，所以需要重新设计独立外油箱及液压系统，以适应三爪液压卡。

4．电气系统

更换原操作系统，重新设计机床操作系统及电气安装，增加计算机应用软件系统。

5．机床改造后的主要技术参数

（1）最大加工工件高度：800 mm（减小 200mm）。
（2）垂直刀架进给级数：无级。
（3）垂直刀架进给范围：0.1 ~ 1 000 mm/min。
（4）垂直刀架快速移动速度：6 000 mm/min。
（5）垂直刀架进给电机：西门子 IFT5 系列交流伺服电机。
（6）其他参数与原机床一致。

6．机床采用标准

（1）《金属切削机床通用技术条件》（GB 9061—2006）。

（2）《机械电气安全 机械电气设备 第 1 部分：通用技术条件》（GB 5226.1—2008）。

（3）《单柱、双柱立式车床 精度检验》（JB/T 4116—1996）。

（4）《数控立式车床 精度检验》（JB/T 9934.1—1999）。

（5）《数控立式车床 第 2 部分：技术条件》（JB/T 9934.2—2006）

（6）《机床检验通则 第 2 部分：数控轴线的定位精度和重复定位精度的确定》（GB/T 17421.2—2016）。

7. 其 他

（1）售后服务。

为满足用户要求，产品“三包”期为一年 （从验收交付使用之日起），设备终身售后服务，所有机床配件，生产方均负责供应。

（2）安装、调试。

生产方负责对用户机床的安装调试，用户需提前做好相应的地基改造工作。安装期间，双方应积极地配合工作，以利于安装工作顺利完成。

（3）人员培训。

根据用户要求，生产方负责对用户操作人员等进行免费培训，培训方式可由用户确定。生产方技术人员对机床的机械、电气，液压的结构以及机床的使用、操作、编程内容进行培训，用户应为培训人员提供方便。

8. 机床的到货期

所有改造部分均可在××××年××月××日前完成，并运到用户现场。

3.2 机床再制造合同的签订

依据技术协议、商业报价，签订机床再制造合同，样式如下。

C5112A 型单柱车床大修、数控改造报价（单位：万元）

1. 机械部分

（1）大件加工费

① 工作台底座加工费	0.3
② 横梁加工费	0.4
③ 立柱加工费	0.3
④ 方滑枕加工费	0.4
（2）更换工作台及主传动齿轮箱破损零部件	0.6
（3）更换轴承、标准件（含主轴轴承、液压件）	2.2
（4）更换横梁升降箱	0.2
（5）更换液压件、夹紧及平衡机构破损件	0.4

（6）侧刀架大修 0.6

（7）数控改造部分

① 重新制作 X、Z 轴 2 个减速箱 2.8

② 外购滚珠丝杠（2 件） 1.3

③ 丝杠支架等辅助材料 0.3

④ 数控刀架增设拖链（坦克链 2 件） 0.4

⑤ 外购防护罩 1.8

⑥ 安装主轴编码器所用件 0.7

⑦ 定时定量润滑泵 0.2

2. 电气部分

（1）数控系统 9

（2）主控电气元件 2.5

（3）电柜、操纵台制作费 2.5

（4）辅助材料（含标准件、外观件） 0.9

3. 外观件、喷漆 0.3

4. 钳工、电工工费 2.5

5. 安装调试费、差旅费 1.0

6. 利润 2

7. 税金 3

合计： 36.6

××机床有限公司

××××年××月××日

依据机床再制造技术协议准备机床再制造所需的工具、量具、研具等，见表 3.1。

表 3.1 机床再制造所需工具、量具、研具

序号	名　称	规　格/mm	数量	用　途	备　注
1	90 表座		1	装夹百分表	
2	55 表座		1	装夹百分表	
3	平尺	150×2 000	1	刮研床身立柱导轨	
4	专用平尺	200×1 200	1	检验横梁导轨用	
5	检具		1	检查侧刀架全刮研精度	
6	测量环		1	调工作台轴承径向间隙	

续表

序号	名　称	规　格/mm	数量	用　途	备　注
7	检棒	异径	1	测量工具孔与工作台中心线不重合度	
8	锥齿轮调工具		1 套	调整工作台锥齿轮副用	
9	专用卡板		数种	调装支架用	
10	55 研磨具	50×1 500	1	研刮床身立柱 55 导轨用	可以用角形平尺代
11	检套	几种	每种 2 个	调整支架用	
12	检棒	几种	每种 1 个	调整支架用	
13	检棒		1	装快速进给箱用	
14	镗孔工具		1	镗五角刀台工具孔用	

第4章

机床的拆卸

4.1 机床拆卸工具的准备

机床拆卸需准备单头钩形扳手、弹性挡圈装拆用钳子、弹性手锤、拉锥度平键工具、拉卸工具、拉开口销扳手、销子冲头、零件存放盘、压力机等工器具。

4.2 车床拆卸步骤

4.2.1 车床主要部件

单柱立式车床是如图 4.1 所示，它以具有一定刚性的床身立柱作为骨架，工作台紧固在床身立柱下部，由装在床身立柱背后的变速箱传动，使工作台带动装在它上面的工件旋转。横梁紧贴于床身立柱前面，由紧固在床身立柱顶面的快速传动机构，通过丝杠带动横梁上下移动，以适应加工工件高度的不同。进刀箱与横梁上的光杠、丝杠接通，并牢固地紧固于横梁右端。由进刀箱传来进给运动，使贴合于横梁上的立刀架上下、左右移动。立刀架上备有装夹各种刃具的五角刀台。另外，机床还配备有润滑系统。

图 4.1 立式车床

4.2.2 车床拆卸的顺序

为方便在立式车床上加工工件的圆柱面，单柱立式车床备有侧刀架。侧刀架只有安装车刀的方刀台，可随同滑枕水平进给，以便车工件的环形端面。整个侧刀架沿床身立柱上下移动，便可车出圆柱面。侧刀架的运动也是由进给箱给定的。另外，立式车床还有操纵系统及平衡、防护等零件。修理时，一般的拆卸顺序如下：

（1）切断电源，卸下有关电气线路。

（2）卸下快速传动进给箱电机，抽出横梁传动丝杠，这时需先用方木牢固顶住横梁，以免横梁落下，发生事故。

（3）用方木将侧刀架顶牢，卸下进刀传动光杠和进刀箱。

（4）卸下重锤、立刀架。

（5）卸横梁。

（6）卸侧刀架。

（7）卸工作台。

（8）抽出变速箱。

（9）放倒床身立柱。

由于长期使用，工作台面出现了冷硬层，为了避免工作台在修后，由于磨光工作台面时去掉冷硬层而引起变形，影响导轨修复质量。因此，在工作台表面损坏较严重的情况下在修复前，需调好横梁导轨对工作台面的不平行度，达到几何精度后，进行自车工作台表面一刀，然后再按拆卸顺序进行，这是在修理这类机床时应该注意的。

4.2.3　机床拆卸后的清洗、清理

机床修理工作在进行装配前，对其原有的或换新的零件必须严格地进行清理与洗涤。零部件的清理工作很重要，它对机床修后的质量有很大影响，如坐标镗床的主轴与套筒部件。如果磨床的砂轮架和内圆磨具等高速运转的主轴系统清洁工作不严格，将会造成温升过高并加速丧失其精度。对于相对滑动的导轨摩擦副，也会加速磨损丧失其原有精度，甚至会出现滑动轴承“抱轴”，导轨副“咬合”等设备事故。为此在机床修理的装配前必须进行下列清理与清洁工作。

（1）对全部零件进行洗涤清洗。

（2）清理修光零件上由于加工中或使用中所造成的毛刺与毛边，如双三联滑动齿轮的齿端必须修好其圆倒角部分，使其在移齿时便于啮合；清理轴类零件上螺纹端部的毛刺，便于螺母拧入；操纵箱中滑阀与箱体中孔口上的毛刺必须加以清理，才有助于滑阀在操纵箱中灵活移动等。

（3）清洗各类箱体内残存的磨屑，剥落的油漆片以及油污、灰砂等脏物。清理后必须涂上淡色的油漆。箱体上的油标、油面计等表面，除了清洗外，必要时要进行研磨抛光，以提高其可见度，便于观察。

（4）清洗新换的轴承以及配件上的防锈油及灰砂。

根据修理工作的特点，清洗工作的方法一般分为浸洗、手工擦洗及压力喷洗 3 种。

修理工作中常用石油溶剂作为清洗液，比较常见的是汽油（常用 200 号工业汽油，也可用 120 号或 160 号汽油）、煤油或轻柴油，含铅燃料汽油因对金属有腐蚀，对人体有毒害不宜作清洗用。另外，还可使用化学水溶液作为清洗液。清洗液的使用范围和清洗效果如下：

① 具有清洗一般油脂的能力。

② 由于汽油易挥发，在湿度大的工作环境下，清洗零件表面上易凝露，使用时须添加缓蚀剂（加 2%～3% 的 201 号置换性防锈油即可提高防锈能力）。

③ 对黑色金属及有色金属零件均适用。

④ 由于汽油闪点低，易挥发，使用时须配置相应的消防措施。

⑤ 采用化学水溶液作为清洗液能大大节约清洗的费用，但是化学清洗液必须在具有加热装置的清洗机中加压冲洗。如清洗液对某种金属表面有腐蚀作用时，清洗后还必须在热水中进行冲洗。清洗后的零件，必须吹干后涂上防锈油，以防生锈。

⑥ 一般机修车间可以采用清洗槽进行清洗，采用石油溶剂的压力冲洗方法不但清洗效率较高，而且节约油液。

第5章 机床再制造失效零件的鉴别

5.1 金属切削机床修理施工、检查验收通用技术要求

5.1.1 总　则

金属切削机床修理施工、检查验收的技术要求，应根据设备动力部门的零件制造图纸，部件装配及总装工艺拟定。设备动力部门在标注零件制造图和制订工艺文件时，可参照原制造厂技术文件，结合修理的特点进行，对不具备原制造厂技术资料的，应按本规定进行。

5.1.2 一般要求

（1）修后设备必须达到《单项设备完好标准》的有关规定。

（2）确定随机修理的附件，应配齐、修好；与机床连接运转的随机附件，应在机床上试运转，其技术精度指标应符合设计要求。

（3）机床重要导轨副，应尽量采取耐磨性措施整修（如表面淬火、镶钢导轨、塑料导轨、静压导轨等）并按相应的技术要求进行检验。

（4）修后机床应不渗漏，渗漏标准按《生产设备漏油及治理标准》执行。

（5）修后设备应润滑良好、冷却充分，冷却液不许混入液压系统和润滑系统。

（6）采用“静压”装置的机床，应能保证“静压”建立后才能起动，当压力变化超过规定或电力中断时，应保证安全。

（7）机床和附件的光学装置，修后应便于观察，密封可靠。

5.1.3 安全防护

（1）设备上露在外面的齿轮、皮带轮、飞轮等均应有防护罩，砂轮必须有坚固的用韧性钢材制造的防护罩并可靠固定，往复运动的部件应有有效限位的保险装置。

（2）采用气动、液压和电磁夹紧的机床，当压力变化超过规定或电力中断时应立即自动停车，并不应失去夹持能力，同时应设有可靠的防护装置。

（3）机床运动中，有可能松脱的零件、部件必须设有防松装置。

（4）机床停车时，独立进给传动的停止，应不迟于主运动。

（5）要求电动机单方向旋转时，应在适当部位有标出运动方向的箭头。

5.2 设备磨损零件修换标准

在设备修理工作中，经常需要确定磨损零件是否应修换。如果将不该换的零件换了，就会使零件没有充分利用而报废造成浪费；若该换的不换，则会使机床修后精度、性能达不到

标准，造成故障修理工作量的增加。可见，零件修换对修理内容和修理工作量，修理的可靠性和经济性都有重大影响。

确定磨损零件修理或更换的技术标准是一个复杂的问题,迄今还没有科学的完善的资料。

参照部分厂家的经验和有关文件，结合修理实践制定了本标准，供学生、修理工人、技术人员和检查工作者在学习和工作中参照执行。

5.2.1　设备磨损零件的更换原则

（1）在保证设备精度与性能的条件下，磨损零件能修复者尽量修复避免更换新件。

（2）在更换新件比修理复旧件更经济时，应考虑更换。

（3）磨损零件通过修复不具备足够的强度与刚度时要更换新件。

（4）修复后耐用度维持不了一个修理间隔期的需更换。

（5）修换零件要考虑工厂现有的修复与制造工艺水平。

（6）修复旧件所花费的时间应比制作新件短，否则应考虑更换。

（7）关键零件要尽量修复。

5.2.2　设备磨损零件的修换标准

零件是否修换，不能单纯以零件的尺寸公差，表面粗糙度及形位公差为准则。在什么情况下磨损零件可以继续使用，在什么情况下必须修换，取决于零件的磨损程度及其对设备精度、性能的影响，具体考虑如下几方面:

（1）对设备精度的影响：凡磨损零件影响设备精度，使加工件质量达不到要求时，就应考虑修复或更换。对某些影响设备精度的主要件如主轴，以及平时拆卸不便，修换工作量较大的零件，在机床大修后估计维持不到下一次中修的，应考虑修复或更换。

（2）对完成预定使用功能的影响：当设备零件磨损后，不能完成预定的使用功能时，如离合器失去传递动力的作用，液压机构不能达到预定的压力或压力分配，凸轮机构不能保持预定的运动规律时，就该修换。

（3）对设备性能和操作的影响：因为零件磨损，虽然还能够完成预定的使用功能，但是已降低了设备的性能，如噪声增大、效率降低、移动卡滞，就应考虑修换。

（4）对设备生产率的影响：当设备零件磨损时，由于不能利用较高的切削用量进行工作，空行程时间增加，增加工人的精力消耗，从而降低了设备的生产率，应根据磨损情况决定是否修换。

（5）对零件强度的影响：某些场合，零件的磨损允许达到零件强度所允许的极限。此时，磨损零件的修换原则按零件材料的强度极限来考虑。零件表面产生裂纹继续使用可能引起严重事故者，必须修换。

（6）对磨损条件恶化的影响：磨损零件继续使用，除磨损加剧外，一般还会出现效率降低，发热表面剥蚀等现象，从而引起咬住和断裂等事故的，必须修换。

5.2.3 设备磨损零件修换标准的一般规定

1. 床身立柱、箱体等主要铸件

（1）设备导轨面由于磨损或研伤而破坏机床精度时，应该修复，修理方法可根据具体情况进行刮研、磨削或刨削。研伤的沟道可采用锡铋合金、塑料填补的方法修复，大面积的拉伤还可以用镶钢板或铸铁板来修理。

（2）床身立柱箱体等有裂纹或漏油等缺陷，在不影响机床设备强度、刚度及精度的条件下可以修复。

（3）箱体上有配合要求的孔，其几何精度（圆度、圆柱度）超过孔的本身公差时一般要修复。对滚动轴承的安装孔，拆后应测量尺寸，安装 c、d 级轴承的孔，实际尺寸允许超过原公差带的 1/2，超出时可用扩孔镶套恢复精度。电镀轴承外环尽量不要修复使用。

（4）工作台及托板经多次修理后造成安装尺寸链无调整余量时，应更换或采用耐磨涂层黏结金属板或尼龙板等方法恢复尺寸链。

2. 机床主轴及轴承

（1）主轴支承颈表面由于过热而变色的，应检查硬度。

（2）高速主轴，如磨床砂轮轴修理时要进行探伤检查。

（3）主轴支承轴颈有下列缺陷之一的均应修复：

① 支承轴颈圆度、圆柱度超过原定公差时。

② 主轴前后两个支承的轴颈的径向跳动，或其他有配合关系的轴颈对支承轴颈的径向跳动超过原定公差 50% 时。

（4）装滑动轴承的主轴支承轴颈，磨损时可修磨轴颈，修磨量要适当控制。对于渗碳淬火的主轴，最大修磨量不大于 0.3 mm；对于氮化、氰化的主轴最大修磨量不大于 0.1 mm（均指半径方向）。修磨后表面硬度不低于原设计要求下限值。

（5）主轴支承轴颈也可用镀铬、金属喷镀或振动堆焊等方法来修复。高速主轴（砂轮轴）不许用镀铬修复；受冲击载荷或振动较大的主轴，不许用金属喷镀修复。镀铬时，铬层厚度不宜超过 0.2 mm，金属喷镀层不宜超过 5 mm。

（6）主轴前端装法兰盘的定心轴径与法兰盘的配合要符合公差，不能有晃量，否则要更换法兰盘。

（7）主轴锥孔磨损研伤后，可以适当修磨，但锥度必须符合标准，修磨后其端面的位移量允许见表 5.1。

表 5.1　修磨端面的位移量　　单位：mm

莫氏 1#	1.5	莫氏 4 号	4
莫氏 2#	2	莫氏 5 号	5
莫氏 3#	3	莫氏 6 号	6

3．安装带扁尾、锥体的锥孔

安装带扁尾、锥体的锥孔，修磨前应考虑修磨后标准工具（如锥套、带锥柄的钻头）是否还能安装。

（1）主轴有严重的伤痕、扭曲、弯曲、裂纹及修理后仍不能满足设备的精度要求时必须更换新件。

（2）主轴滑动轴承内表面粗糙度值低于 0.8 μm 或有轻微研伤时应刮研修复，对下列情况之一者应更换。

① 滑动轴承已经没有调整余量。

② 内表面严重划伤，研伤无法修复；内表面严重烧伤。

③ 滑动轴承与轴的配合公差超过原设计要求。

4．曲轴与轴瓦

（1）锻压设备偏心轴、曲轴各轴颈与轴瓦的间隙超过表 5.2 中的数值时要修换。

表 5.2　曲轴各轴颈与轴瓦的间隙　　单位：mm

轴颈直径		轴颈与轴瓦的间隙	
支承轴颈	连杆轴颈	标准值	磨损时最大允许值
>50～80	80～120	0.08～0.10	0.20
>80～120	>120～180	0.10～0.12	0.24
>120～180	>180～270	0.12～0.18	0.36
>180～260	>270～390	0.18～0.26	0.52
>260～360	>390～540	0.26～0.36	0.72

（2）曲轴和偏心轴上键槽宽度磨损后，修理不能超过原设计尺寸的 20%。

（3）修理曲轴和偏心轴各轴颈时，其修理尺寸不得超过表 5.3 中的数值。

表 5.3　曲轴和偏心轴各轴颈修理尺寸要求

材料	热处理	硬度	轴颈直径允许极限减小量/%	
			连杆直径	支承直径
45	正常化 调质 高频淬火	HB 200 HB 240～260 HRC 43～45	2～4 2～4 2～3	5～6 5～6 3～4
40Cr	正火 调质 高频淬火	HB 200 HB 270 HRC 43～45	2～4 2～4 2～3	5～6 5～6 3～4
40CrNi	调质	HB 270	2～3	3～4

注：1. 允许极限减小量的百分比是对原设计尺寸而言的。
2. 采用最大减小量时要经过强度验算。

（4）曲轴和偏心轴如有裂纹必须焊接修理，经过探伤证明确无裂纹后方可使用。

（5）曲轴和偏心轴的轴瓦外径与瓦座的配合一定要紧密，也不可有轴向串动量，其配合精度按原设计要求。轴瓦内表面不可有研伤和严重烧伤，否则就要修换。

5. 花键轴

（1）花键轴花键部分对两支承轴颈的弯曲度超过径向跳动公差的 50% 时应校直。

（2）花键定心直径，静配合超过 d_c 动配合超过 d_d 应更换。

（3）花键侧面对定心直径中心线的扭曲超过《产品质量分等标准编制导则》（JB/T 8829—1999）规定的数值 50% 时应修换。

（4）非键侧定心的花键，其侧面有显著凸凹而影响平稳地滑动时，应修理。修理后，配合间隙超过 0.15 mm 时，应换新件。

（5）花键定心轴径粗糙度值应小于 1.6 μm。

6. 光　杠

（1）光杠的弯曲度超过 0.20 mm/1 000 mm 时，应该校直。由于光杠自重而引起的下垂量不包括在弯曲度内。

（2）光杠的外径在有效长度上应该一致，其不等性超过 0.10 mm 者应修复。

（3）光杠的键槽宽度不等性超过 0.15 mm 时应修理，修理后可加大尺寸或在适当位置另加工键槽。

7. 一般轴类零件与轴套

（1）一般轴类零件间隙配合的轴颈与轴套配合，其配合精度超过原设计公差的 50% 影响运动性能的应修换。

（2）轴类零件采用修理尺寸时，其减小尺寸对直径而言，一般不得超过原设计尺寸的 10% ~ 15%，重要零件的修理尺寸较大时，要验算强度。

（3）对于有热处理的轴类零件修磨轴颈时，要考虑到热处理情况，修磨量一般不应大于下列数值（按直径计算）：高频淬火 2 mm；氰化 0.2 mm；渗碳淬火 0.5 mm；氮化 0.2 mm。

修磨后应检验硬度。

（4）轴类零件的键槽损坏后，一般可将键槽长度适当增大，可按键宽标准尺寸增大一级，强度许可时，可在适当位置另铣一槽。

（5）轴类零件的弯曲度超过 0.1 mm/1 000 mm 应校直。

8. 丝杠与对合螺母、丝母

（1）丝杠弯曲度超过 0.2 mm/1 000 mm 时应修复，一般丝杠可以校直，精密丝杠不可校直。

（2）丝杠螺纹局部磨损或粗糙度低于 6 时应修复，修复后螺纹厚度减薄量不得大于下列数值：

金属切削机床　　15%～20%；

锻压设备　　10%。

（3）当用减小外径来恢复标准螺纹厚度时，丝杠外径减小量不得大于原外径的 10% 深度应符合标准尺寸。

（4）对于重载荷的丝杠，如卧式镗床主轴箱升降传动丝杠，不推荐采用修复使用，否则要验算其强度和刚度。

（5）对合螺母与瓦座配合的外径要紧密，轴向不允许有串动量，车床丝杠和对合螺母磨损后的间隙轴向移动量不得大于 0.35 mm，否则要修换。其他丝杠与螺母磨损后的间隙不得大于螺纹厚度的 20%，否则修复丝杠、配换螺母。

9．齿轮、齿条

（1）齿轮的轮齿断裂，一般情况应更换新件，但对于模数 5 mm 以上的特殊齿轮，如椭圆齿轮个别齿断裂的，可用镶齿修复。

（2）轮齿弯曲或齿面磨损引起两侧齿形有显著不同时，应更换。

（3）齿面有严重疲劳点蚀现象约占齿长 1/3 和齿高 1/2 时，须更换新件。

（4）齿面有黏着现象时，可用油石或刮刀修光。

（5）齿轮的齿形均匀磨损，渐开线表面完整的条件下，弦齿厚的磨损量不超过节园名义齿厚的 15% 者可继续使用，超过时可用变位法修理。

（6）高速传动齿轮（$v \geqslant 8$ m/s）传动的齿轮应成对更换。

（7）齿轮端部倒角损坏时，在保证齿轮强度的条件下，允许将齿轮宽度减小并重新倒角。

（8）齿轮接触面偏斜，引起严重磨损者，应找出原因，排除故障更换新件。

10．蜗轮与蜗杆

（1）蜗轮与蜗杆的齿面粗糙度大于 5 时应修换。

（2）蜗轮蜗杆的接触偏移，其接触面积少于下列数值应修换:

7 级精度，长度上 65%，高度上 60%；

8 级精度，长度上 50%，高度上 50%。

精密蜗轮副磨损应成对更换，也允许用修正法修复。

（3）蜗轮蜗杆齿面磨损，齿厚减少量减至齿厚的 80% 时应修换。

11．链条与链轮

（1）链条的节距超过公称尺寸 3% 时，应更换（10～15 个节距进行测量）。

（2）用新的链条套在链轮上（0°～180°）进行检查，如果二者节距的积累误差太大（即链条不能紧靠链轮），应更换链轮。

（3）链轮的齿形局部磨损或齿形偏斜时，应更换新件。

12．滚动轴承

（1）轴承滚动体及滚道的表面因过热而变色，表面有剥落、锈蚀现象，滚道有明显的磨损痕迹，滚动体表磨成小平面，内外环有裂纹，保持架弯曲和损坏应更换新件。

（2）用手迅速转动外环，如果转动平稳没有摩擦发出的刺耳声，并能平静地停止转动，可以继续使用，否则要更换新件。

（3）推力轴承放在平台上，即使施加压力，也能转动时，可以继续使用；否则更换新件。

（4）影响机床主要精度的轴承，某些拆装不便的轴承，大修理时一般都要更换。

（5）轴承与轴或座的配合有转动现象时，应根据具体情况修理零件（轴承座），更换新轴承，或者将轴承镀铬，铬层不得剥落且厚度不得大于 0.10 mm。

13．离合器与制动器

（1）爪式离合器的爪部有裂纹，端面磨损或倒角 R 大于 1/4 齿高时，应更换。

（2）爪式离合器爪部的厚度磨损后，厚度减薄量不大于原设计的 20% 时，可以继续使用。

（3）片式离合器的摩擦片不平行度超过 0.2 mm 或出现不均匀的光亮斑点时应更换。

（4）摩擦片的表面有伤痕，可平磨平面，但其厚度减薄量不得大于原来的 1/4，修磨后的平面度与硬度应符合原设计要求。

（5）摩擦片表面有裂纹或因过热而丧失硬度时，应更换。离合器没有调整余量或调整量很小时，应更换或增加摩擦片。

（6）锥体摩擦离合器的锥体接触面小于 70% 时，应加修理。

（7）超越离合器的滚动体表面不得磨有小平面，外套及星轮的表面不能有明显的磨损痕迹，否则要修理。

（8）锻压设备上圆盘摩擦制动器的摩擦片磨损减薄后，没有调整量或调量很小时，要更换新件。

（9）制动轮表面磨损及划伤时要修复，修后的壁厚不小于原设计的 50%。

14．皮带轮与飞轮

（1）皮带轮轮缘及轮辐有损坏及断裂现象应更换。在不影响精度要求时，可以补焊修复。

（2）皮带轮工作面的粗糙度大于 1.6 μm，表面凸凹不平时应加以修复，三角皮带轮槽底与皮带面的间隙小于标准间隙的 1/2 时应修复。

（3）皮带轮与飞轮的径向跳动及端面振摆允差大于表 5.4 中数值时应修复。

表 5.4　皮带轮与飞轮径向跳动及端面振摆允差　　单位：mm

皮带轮直径	飞轮直径	径向跳动	端面振摆
<120	>400 ~ 800	0.10	0.15
<120 ~ 250	>800 ~ 1 200	0.10	0.20
<250 ~ 400	>1 200 ~ 2 000	0.15	0.30

15. 其他零件

（1）有些零件由于修理尺寸链补偿的需要，允许将螺钉孔改为长孔，其加长量不得大于螺钉直径的 1/3。

（2）变速手把、手轮、手柄与轴的连接不应松动，否则应修复。

（3）变速拨叉搬把在机床开动时允许有轻微的摆动，否则要修复。

16. 液压齿轮泵

（1）齿轮泵体内腔及齿轮工作面的粗糙度低于原设计要求（一般为 Ra0.8 mm 以下）一级时可以继续使用，低于二级时应修复。

（2）齿轮泵体与齿轮外径的间隙超过规定的 50%，齿轮油泵内腔研损量不大时，可以在保持原来的中心距离条件下，适当扩大内腔直径、加大齿圆直径，并相应地缩小齿根圆直径，其轴向间隙超过原设计的 30% 时应加修复。

（3）齿轮两端面的平行度超过 0.005 mm，两个啮合齿轮的齿宽差超过 0.005 mm 时要修复。

17. 叶片泵

（1）定子转子的槽及叶片的工作面粗糙度低于原设计要求（一般为 Ra0.4 μm 以下）一级时，可以继续使用，低于二级或定子的工作面拉毛时应加修复。

（2）叶片与转子的槽配合间隙超过 0.02 ~ 0.03 mm 时，应换新件。

（3）叶片径向高度磨损 1/5 时，应换新件。

（4）叶片宽度应比转子小 0.005 ~ 0.01 mm，转子宽要比定子小 0.02 ~ 0.04 mm，否则要修复。

18. 柱塞泵

（1）柱塞滚道、柱塞及转子的柱塞孔的粗糙度低于原设计要求（一般为 Ra0.2 μm 以上）一级时，可以继续使用，低于二级时应修复。

（2）柱塞与柱塞孔的间隙超过原设计公差要求的 50% 时，应更换新件。

19. 工作油缸

（1）工作油缸内表面的粗糙度值大于 0.8 μm 时，应修复。

（2）缸径的圆度及圆柱度（在全长上）超过原设计要求的 50% 时应加修复。

20. 活塞、活塞杆、活塞环

（1）活塞杆活塞（不带密封环的）粗糙度值大于 0.8 μm 时，应修复。

（2）活塞（不带活塞环的活塞）与油缸的径向间隙超过原设计要求的 50% 应更换活塞。表 5.5 提供了活塞与油缸的径向间隙参考值。

表 5.5　活塞与油缸的径向间隙　　单位：mm

缸径	最小间隙	最大间隙	活塞环平面和翘曲允差
20	0.008	0.030	0.02
25	0.013	0.035	0.03
50	0.020	0.045	0.03
75	0.025	0.055	0.03
100	0.030	0.065	0.03
125	0.045	0.085	0.03
200	0.050	0.100	0.04

（3）带活塞环的活塞与油缸的径向间隙允许有两处，每处间隙宽度不小于 0.15 mm。圆周上在相互接触的不小于 45° 的范围内，其间隙量不得大于表 5.5 中的最小间隙，否则要更换活塞环。

（4）活塞杆弯曲超过原设计公差 30% 时要修复。

21．滑阀与阀杆

（1）阀孔与阀杆的粗糙度低于原设计（一般 *Ra* 值大于 0.000 1 mm 以上）二级时就加修复。

（2）阀孔与阀杆的间隙超过原设计要求的 50% 时，应修复阀杆，可参考数值：

节流阀：0.008 ~ 0.015 mm；

压力阀: 0.007 ~ 0.020 mm；

方向阀: 0.007 ~ 0.025 mm；

调速阀: 0.01 ~ 0.025 mm。

5.3　确定更换零件、修理零件、编制破损零件表

根据金属切削机床修理施工检查验收通用技术要求、设备修理验收标准及设备磨损零件修换标准对拆卸、清洗后的零件进行检查，确定更换零件、修理零件，编制破损零件表。相关表格见表 5.6 ~ 表 5.8。

表 5.6 设备修理验收标准

	设备修理验收标准				编号：	
					共 份 第 份	
设备编号			设备型号			
设备名称			编制日期			
拟订		批准		会签	承修单位	使用单位
1	本机床按金属切削机床修理施工检查验收通用技术要求及精度标准进行验收					
2	切削试验按					
	满载试验按					
	工作试验按					
	规定进行					
3	本次修理需要解决的主要问题					
4	本次修理允许放宽允差进行验收的精度项目要求					
5	本次修理允许保持修前检查数值进行验收的精度项目与技术要求					
6	其 他					
备注						

表 5.7 缺损明细表

	缺 损 明 细 表			编号		
				共 页		第 页
设备编号		编制				
设备型号		审核				
设备名称		会签				
序号	需换零件			准备数量		
	件 号	名称	规格	毛坯	半成品	成品

表 5.8　设备修理交接单

设备修理交接单					编号	
					共　页	第　页
设备编号		设备名称		复杂系数	机械	
设备型号		修理类别			电气	
修前移交与验收						
1	设备修前存在的主要问题					
2	修前移交需修的附件与破损状况					
3	使用单位对本次修理的要求					
4	其　他					
设备移交修理日期				年　月　日		
移交方：				验收方：		
委托单位主管（签章）				承修单位主管（签章）		
机　械　员　（签章）				修理工段长工（签章）		
机床操作者　（签章）				设备主修人（签章）		

第6章 失效零件的维修

6.1 主要部件的维修顺序

主要部件的常用维修顺序为 ① 工作台；② 床身；③ 栋梁；④ 栋梁滑座；⑤ 立刀架；⑥ 侧刀架；⑦ 各部件修后组装。

6.2 主要部件的修理工艺

机床修理工作的任务是使机床各研损的导轨面，通过机械加工或人工研刮的方法恢复其原有的几何精度，通过调装方法使各传动部件，恢复原有的性能和质量标准。

修理时，应根据机床损坏程度及现场的条件，决定用什么方法修理。目前，研刮法仍是修理工作中的重要手段之一，因此，本节将以研刮修复为主，介绍立式车床主要部件的修理过程。

6.2.1 工作台

目前常见的单柱立式车床的工作台结构如图 6.1 所示。平导轨及滚动轴承（见图 6.2）是车床支承工件和决定加工零件精度的重要部件之一，而工作台导轨和主轴轴承精度又是考核工作台质量好坏的主要标志。因此，修复工作台主要的工作是修复导轨，研刮滑动轴承及调整主轴轴承径向间隙。

工作台导轨不直度和导轨对主轴孔中心线不垂直度的综合误差，直接影响工作台回转平面的稳定性和工作台工作面对床身导轨的不垂直度。而工作台回转平面的稳定性是立式车床几何精度的基础，因此，严格控制这项精度十分重要。一般应控制水平仪读数差值为 0.01 mm/1 000 mm，这种检验方法又恰好符合立式车床几何精度检验方法，这就给修复后组装各部件时，调整成品的几何精度，打下了可靠的基础。

图 6.1 平导轨工作台

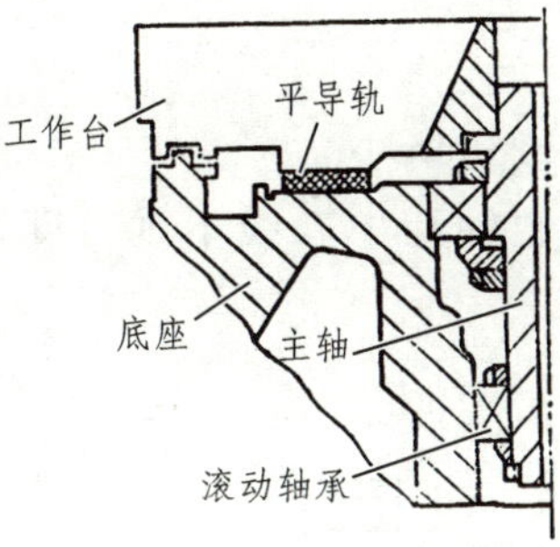

（a）

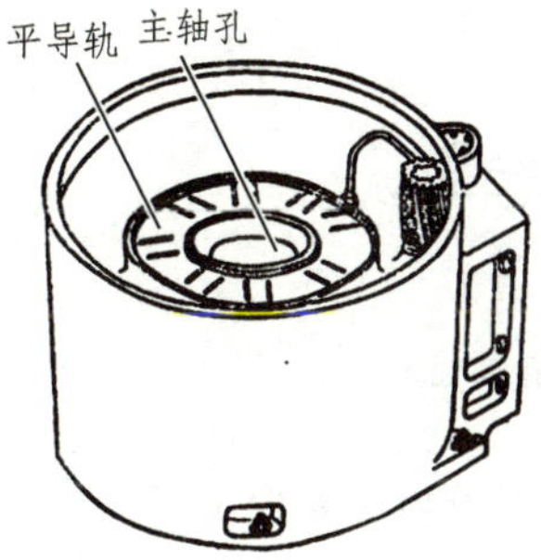

（b）

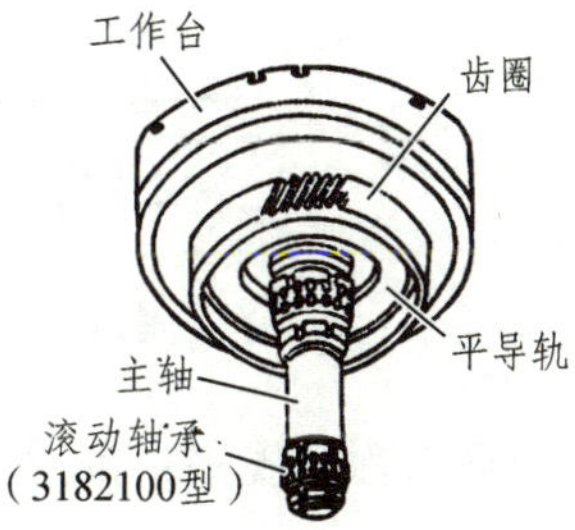

（c）

图 6.2　平导轨及滚动轴承工作台结构

平导轨、滚动轴承工作台修复工艺步骤如下。

1．准备工序

（1）工具、检具准备（内孔千分表、千分尺）。

（2）工艺说明：将工作台与主轴等件组装好，测出底座孔径及轴承外环外径，按误差相互抵消的方向，将轴承外环装入底座孔中。

2．调整主轴承径向间隙

（1）技术要求：径向间隙 0.04 ~ 0.05 mm（上）、0.03 ~ 0.04 mm（下）。

（2）工具、检具：测量环、千分尺、内孔千分表。

（3）工艺说明：先将轴承外环装入工作台底座中，测出外环内孔径，再将轴承内环和滚柱装在主轴径上，装好测量环，紧固螺钉，使测量环刚能转动，再旋转螺母，使滚道外径按规定数小于外环内孔径。

3．导轨合研

（1）技术要求：

① 接触点：10点/（25 mm × 25 mm）。

② 导轨的不直度、导轨对主轴孔中心线不垂直度综合精度（见图 6.3）：0.01 mm/1 000 mm。

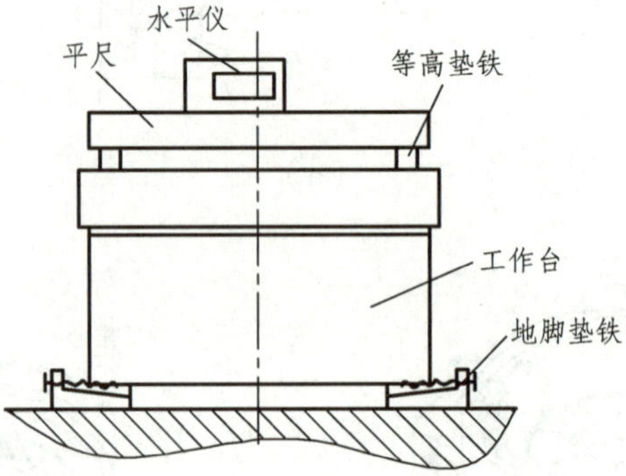

图 6.3　工作台综合精度检验

（2）工具、检具名称及规格：刮刀、等高垫铁、1 000 mm 长平尺、水平仪。

（3）工艺说明。

① 工作台与主轴组件吊入底座后，旋转工作台 1/12 转（见图 6.4）。

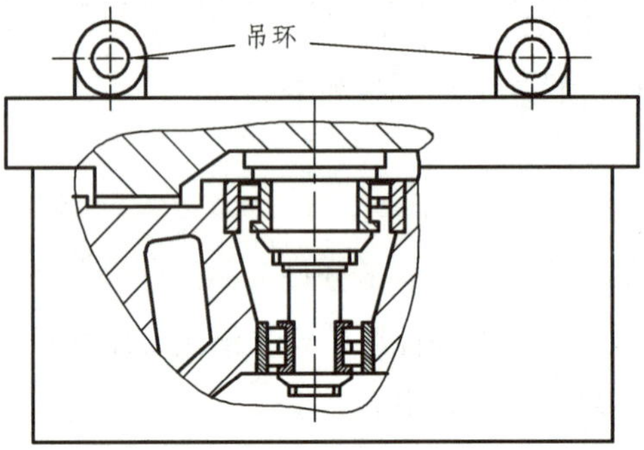

图 6.4　工作台导轨研刮示意图

② 吊出工作台组件，视导轨接触情况进行研刮达技术要求。

③ 导轨的不直度、导轨对主轴孔中心线不垂直度、导轨对主轴孔中心线不垂直度综合精度按图 6.4 所示进行检查。在距工作台中心相等处放两个等高垫块，上置平尺（等高垫块放在平尺两端 2/9 处）。旋转工作台，用百分表检查，使平尺两端的百分表读数相等。平尺中央放置水平仪，缓缓旋转工作台，记录水平仪读数差值。然后又将平尺按照米字形在工作台面上摆放，进行同样检查。在几次检查中，水平仪读数差值最大的一次，即为此项的综合误差。

4．安装传动轴及锥齿轮副

（1）技术要求。

① 啮合情况：大端平齐。

② 齿侧间隙 0.35 ~ 0.65 mm。

（2）工具、检具名称及规格：铅丝、调整工具（见图 6.5）。

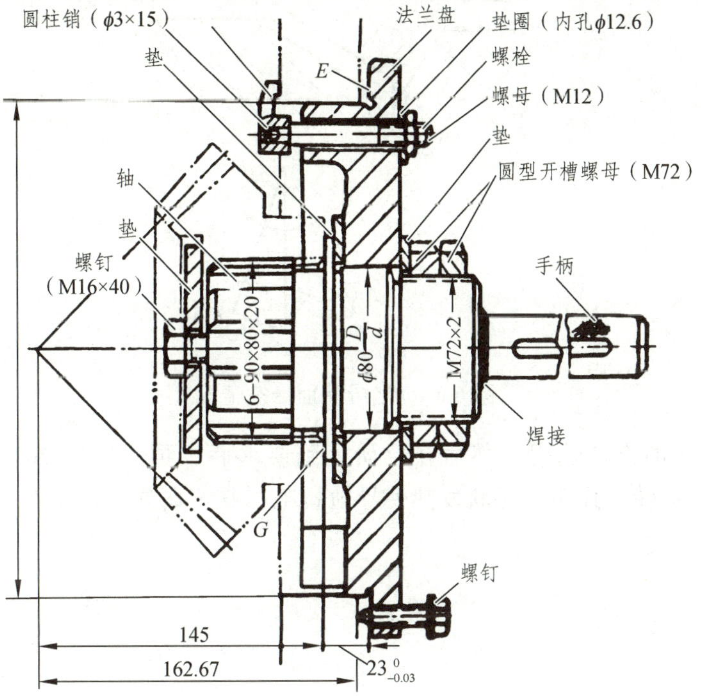

图 6.5　锥齿轮副调整工具

技术条件：1. E 面对 G 面不平行度 0.01 mm；

2. ϕ80 的圆对花键外圆不同轴度 0.01 mm。

（3）工艺说明：见锥齿轮副调整方法。

5．装润滑管路及工作台

（1）技术要求：润滑管路畅通、清洁、不得有弯曲和漏油。

（2）工艺说明。

① 铜管经回火后再用。

② 油管头部最好先用丁黄油堵好，然后连接，以防污物侵入。

6．特别处理

圆形导轨的研伤，一般都是在 70° 导轨一面。如果研伤过重，须先通过机械加工去掉研伤的深沟。但是这样容易造成图 6.6 所示的 20° 导轨面先接触，70° 导轨面悬空的情况（见图 6.6），故仍不能进行合研，还须按下式修去 20° 导轨面的一层金属后，才能进行合研。

$$x = 0.4B$$

式中　x——20° 导轨面应修去金属层厚度；

　　B——70° 导轨面间的间隙。

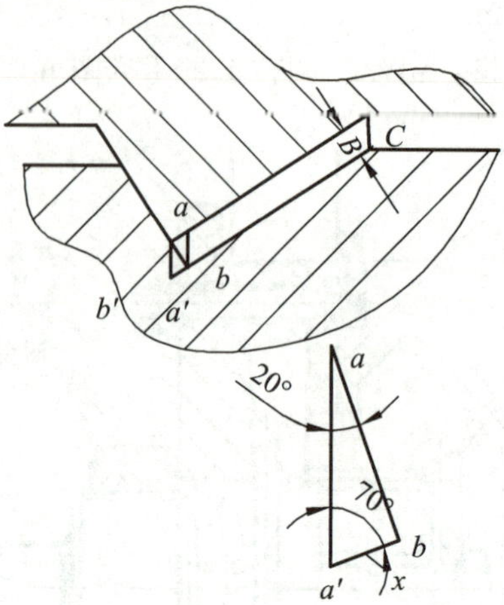

图 6.6　70° 导轨面悬空情况

B 可用压铅丝的方法测得，然后在合研达到要求后，再将底座 20° 导轨面刮 0.06 ~ 0.08 mm，以防在运转工作中，导轨发热使导轨拉毛，甚至研伤。这是在研刮修复时，容易忽略的。

6.2.2　床　身

床身是立式车床的主体部件，横梁、横梁滑座、立刀架等组件，经常在它的 A、C、D、F、G 导轨面上移动，如图 6.7 所示。因此，床身主要的修复工作是修复各导轨的精度。

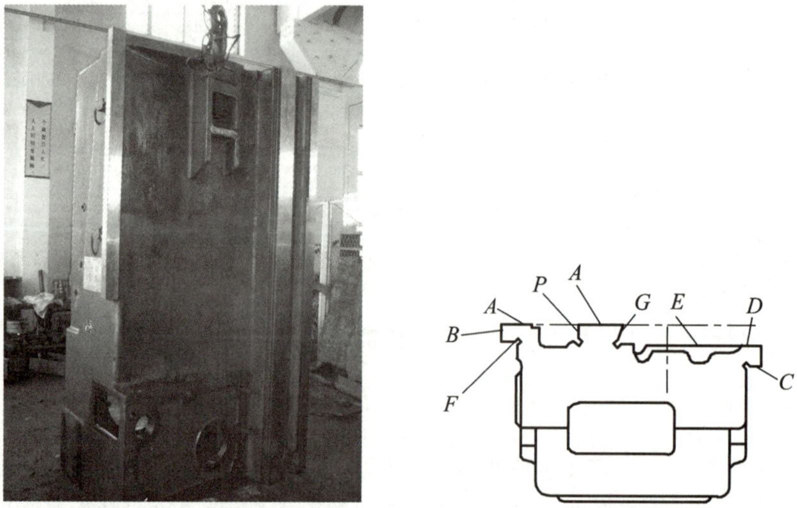

图 6.7　床身

床身导轨磨削修复工艺及步骤如下。

1. 磨 *A* 面

（1）技术要求。

① 不直度：0.02 mm/1 000 mm。

② 倾斜：全长 0.025 mm。

③ 对 *E* 面的不平行度：0.03 mm/1 000 mm。

④ 对 *B* 面的不垂直度：0.02 mm/100 mm。

⑤ 密合程度：0.04 mm 塞尺不入。

（2）工具、检具名称及规格：150 mm × 2 000 mm 平尺、1 000 mm 平尺、90° 表座、55° 表座、水平仪、百分表、塞尺、角尺、块规。

（3）工艺说明。

① *E* 面是不必修磨的固定结合面，因此在修 *A* 面时，应先控制 *A* 面对 *C* 面的不平行度（可用拉表检查）。

② *B* 面是制造厂的工艺基准面和几何精度的检验基准，修复 *A* 面时，用角尺控制 *A* 面对 *B* 面的不垂直度（见图 6.8）。

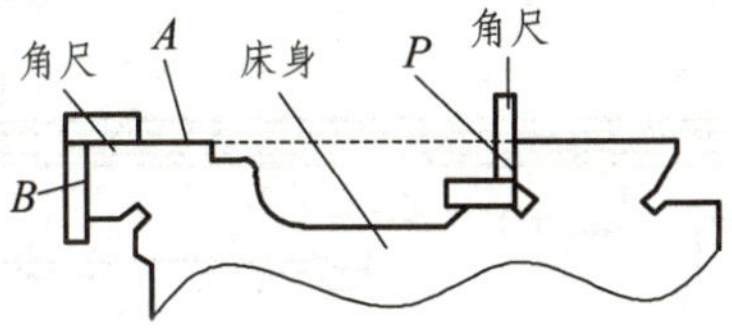

图 6.8　*A* 面对 *B* 面不垂直度检验

③ 距导轨两端一个水平仪长度的导轨（250 mm 左右）经常不使用，因此，此处的修复质量可以不做检查。

④ 图 6.9 为检查 *A* 面倾斜的方法，图 6.10 为检查 *A* 面不直度的方法。

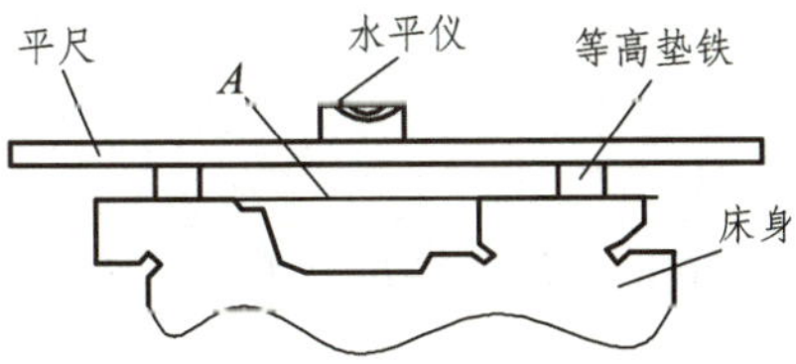

图 6.9　*A* 面倾斜检查

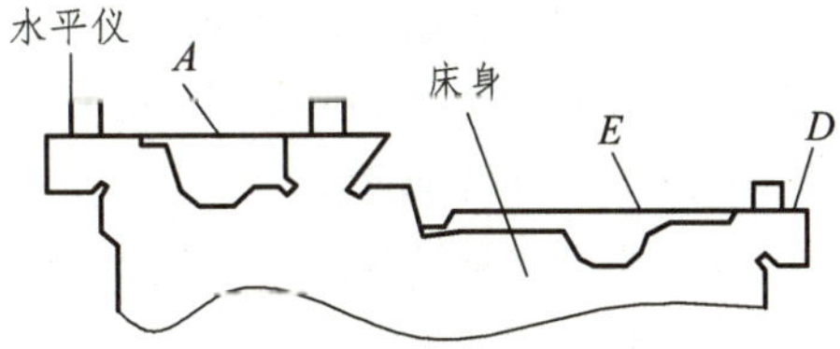

图 6.10　*A* 面不直度检查法

⑤ 如果 *B* 面也必须修复，则按图 6.11 或图 6.12 检查其不直度。在做此项检查前，应先按图 6.8 所示的方法控制 *B* 面对 *A* 面的不垂直度。

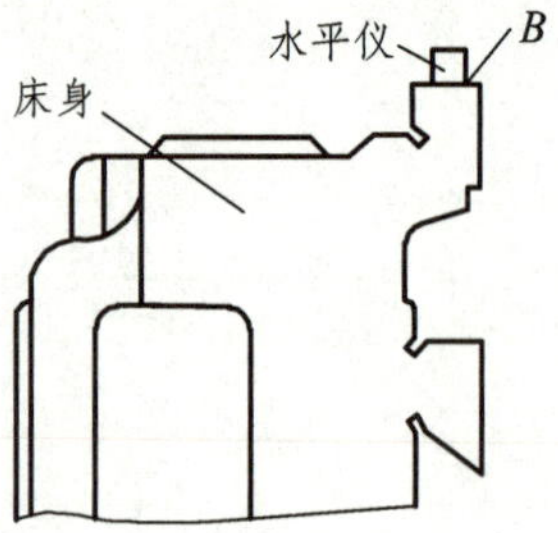

图 6.11　*B* 面不直度检查

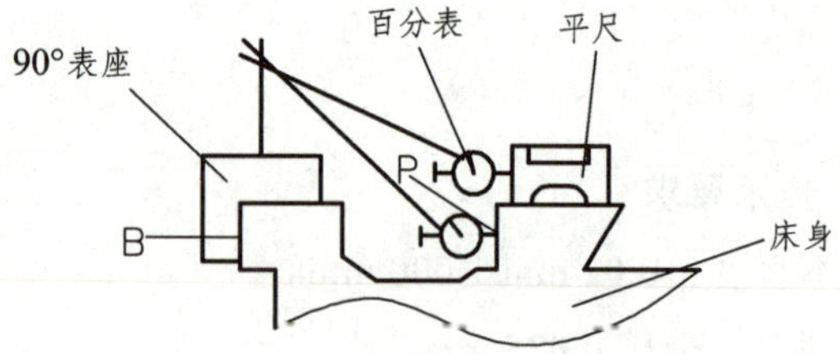

图 6.12　*P* 面对 *B* 面不平行度检查法

2．磨 *D* 面

（1）技术要求。

① 不直度：0.02 mm/1 000 mm。

② 对 *A* 面的不平行度：0.02 mm。

③ 密合程度：0.04 mm 塞尺不入。

（2）工具、检具名称及规格：水平仪、平尺、块规、150 mm × 9 000 mm 平尺、塞尺。

（3）工艺说明。

① *D* 面的不直度按图 6.10 所示方法进行检查。

② 平尺横置于一面上，用块规检查 *D* 面对 *A* 面的不平行度（见图 6.13）。

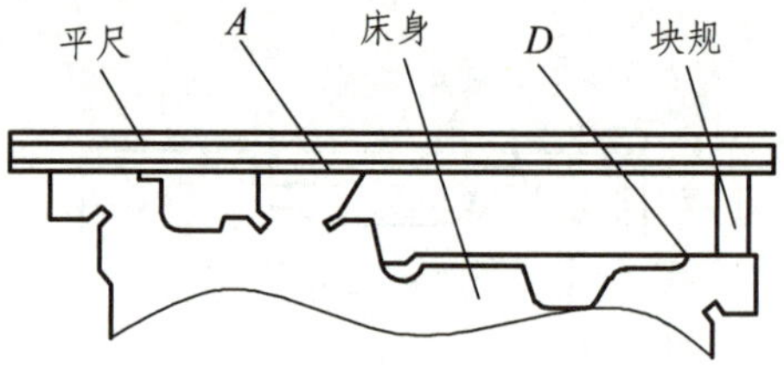

图 6.13　*D* 面对 *A* 面不平行度检查

3．刮 *G* 面

（1）技术要求。

① 不直度：0.02 mm/1 000 mm。

② 对 *B* 面的不平行度：0.02 mm。

③ 接触点：10 点/（25 mm × 25 mm）。

④ 密合程度：0.04 mm 塞尺不入。

（2）工具、检具名称及规格：平尺、百分表、1 000 mm 角形平尺、塞尺、55° 表座。

（3）工艺说明。

① 55° 表座密贴于 55° 导轨，使放在 *A* 面上平尺两端百分表读数为零。拉表检查，百分表读数最大差值，即为此面不直度误差。

② *G* 面对 *B* 面的不平行度误差，按图 6.14 所示方法检查。

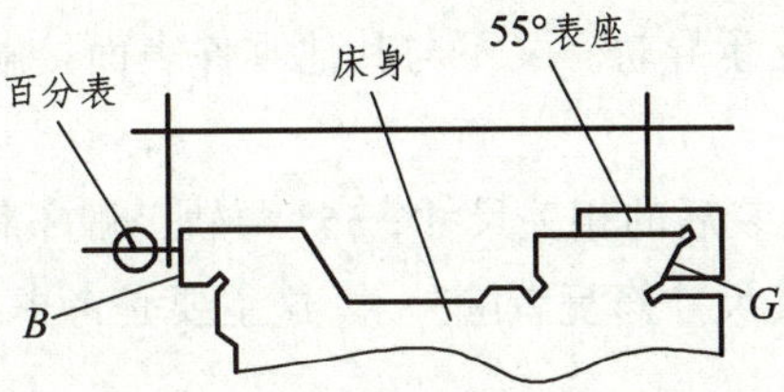

图 6.14　*G* 面对 *B* 面不平行度检查法

4．刮 *P* 面

（1）技术要求。

① 不直度：0.02 mm/1 000 mm。

② 对 *B* 面的不平行度：0.03 mm/1 000 mm。

③ 接触点：10 点/（25 mm × 25 mm）。

④ 密合程度：0.04 mm 塞尺不入。

（2）工具、检具名称及规格：平尺、百分表、1 000 mm 平尺、塞尺、55° 表座。

（3）工艺说明。

如图 6.15 所示，拉表检查百分表读数最大差值，即为不平行度误差。

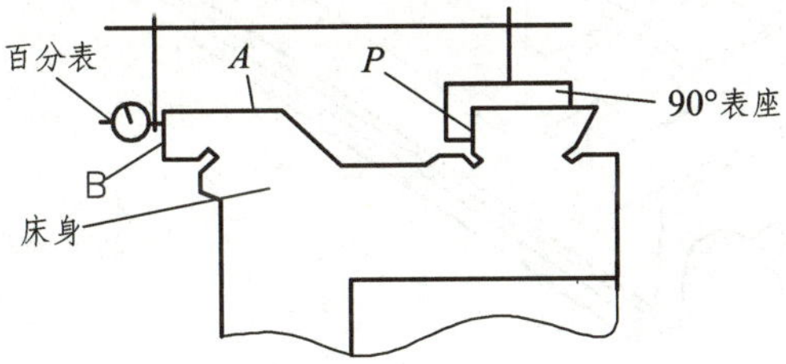

图 6.15　*B* 面对 *P* 面不平行度检查法

5．刮 *C*、*F* 面

（1）技术要求。

① *A*、*D* 面的不平行度：0.03 mm。

② 接触点：6 点/（25 mm × 25 mm）。

③ 密合程度：0.04 mm 塞尺不入。

（2）工具、检具名称及规格：平尺、百分表、1 000 mm 平尺、塞尺、90° 表座。

（3）工艺说明：拉表检查。

6．床身导轨修复注意事项

（1）床身与工作台底座间的结合面，是修磨该类机床的工艺基准，磨刮各导轨面时，尽量照顾与它的相对位置偏差。如修此面，不但破坏了工艺基准，同时也破坏了锥齿轮副的正确啮合，并给组装各部件时，调找几何精度带来困难。

（2）床身上 *B* 面是制造厂装配该类机床、检验其几何精度的基面，它在使用工厂中很少用到。如果误认为它既不是支承导轨，又不与其他零件表面接触，无关紧要，那就会本末倒置，修理工作也将事倍功半。

（3）为了不影响各部件组装后的相关尺寸，55° 导轨一般不得改变其尺寸的研刮修复（破损十分严重时，不得不改变其尺寸修复者除外）。这主要是考虑横梁上光杠、丝杠螺母位置，不要轻易移动所致。

6.2.3 横　梁

横梁结构如图 6.16 所示。

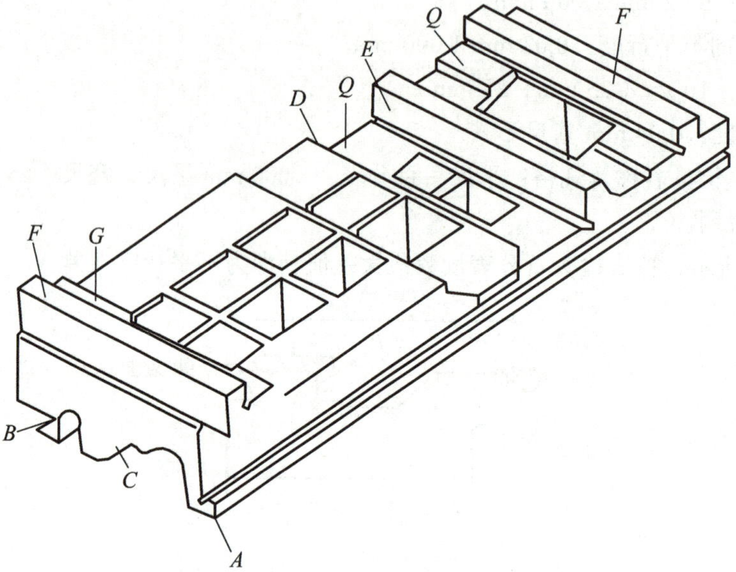

图 6.16　横梁

横梁（见图 6.17）是立式车床支承刀具进行切削加工的重要基础部件，又是连接横梁滑座、立刀架和床身的桥梁，因此，横梁的主要修复工作是各导轨本身精度和相对位置精度的修复。

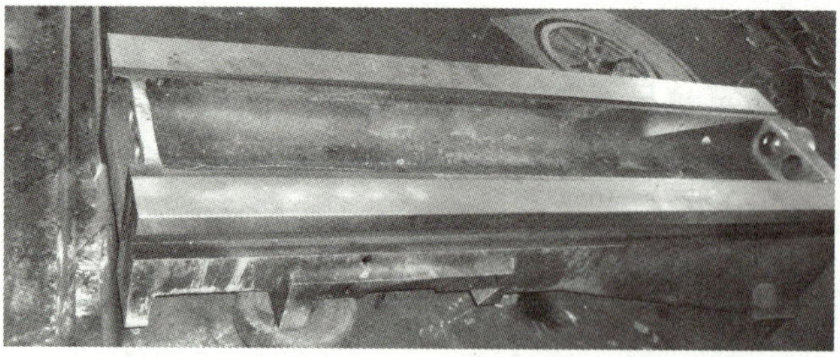

图 6.17　横梁

如何保证横梁、横梁滑座、立刀架组件（见图 6.18）装在床身上后，立刀架（见图 6.19）垂直移动对工作台工作面的不垂直度是机床修复的重点工作。图 6.20 所示为立刀架与工作台垂直度的检验方法（垂直于导轨平面的这项精度须将平尺、角尺转 90° 检验）。

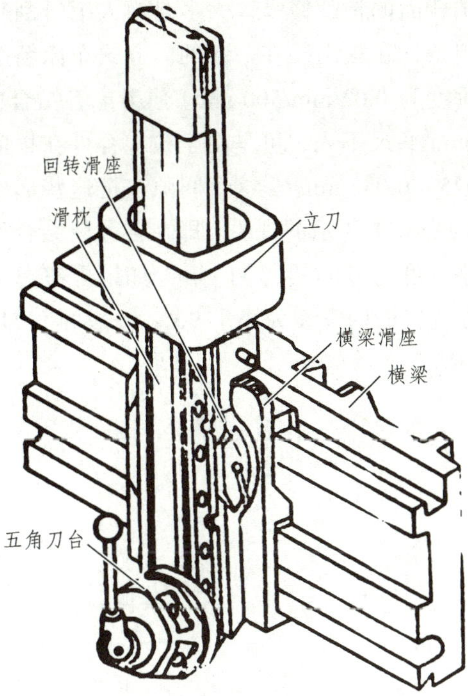

图 6.18　栋梁及滑枕立刀架

图 6.19　栋梁及滑枕立刀架

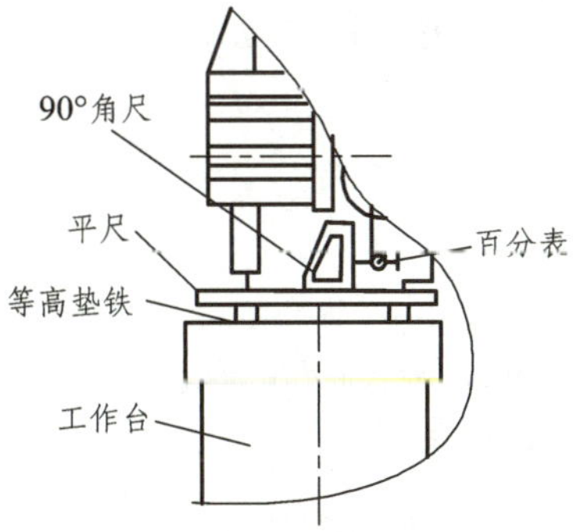

图 6.20　立刀架与工作台垂直度检查

这些零件各导轨面、结合面的精度修复，大多是由人工研刮来完成，有条件的也可用机加工完成。这个组件是用斜条、压板组装在一起的。立式车床精度标准中规定，立刀架上下移动对工作台工作面的不垂度为 0.02 mm/500 mm，但考虑各结合面皆有压板紧固，虽然控制其与导轨接触情况为 0.04 mm 塞尺不入，可是由于被包容件在里面滑动，必然会有一定的间隙（实际测量，间隙为 0.025 ~ 0.035 mm）。这个间隙在把这些部件组装在床身上后，由于自重而产生外张力，就会产生图 6.21 所示的现象。即在各导轨结合面的允许间隙内，立刀架上下移动对工作台工作面不垂直度为 0.075 ~ 0.11 mm。如果再考虑工作台的工作面对床身导轨的不垂直度（垂直于床身导轨平面内安装为小于 90°，一般为 0.04 mm/1 000 mm），则又会产生如图 6.22 所示的附加误差。

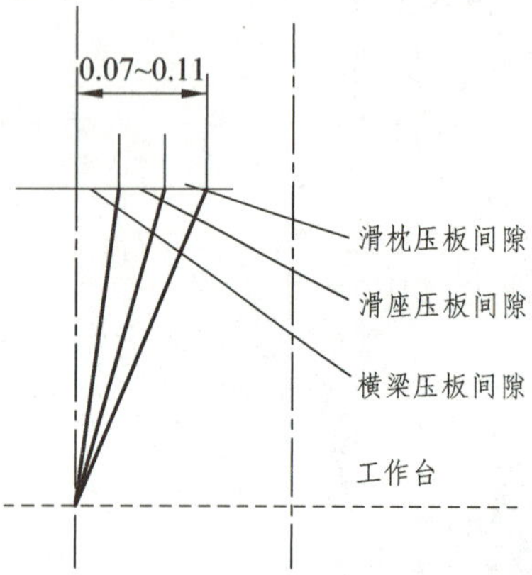

图 6.21　立架包容件必然产生的间隙

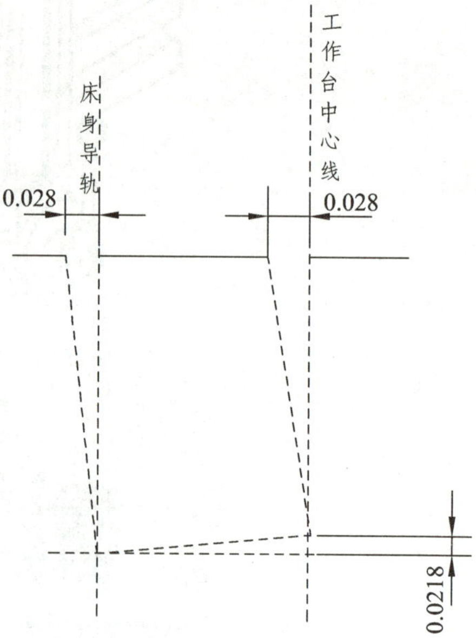

图 6.22　床身安装的附加误差

综合起来，这些合理的间隙和偏差，将会造成立刀架与工作台垂直度大大超差。

为了避免产生这种现象，在修刮各件时，必须考虑预处理量，理想的情况是立刀架上下移动轨迹与工作台工作面中心线重合。在研刮各件过程中，使下端综合高 0.007 5 ~ 0.013 mm 才能消除上述合理间隙和偏差所产生的倾斜。

横梁的修复工艺及步骤如下。

1. 刮 *A*、*B*、*C* 面

（1）技术要求。

① 不直度：0.02 mm/1 000 mm，全长：0.03 mm。

② 倾斜：0.02 mm/1 000 mm。

③ 不垂直度：0.02。

④ 接触点：10 点/（25 mm × 25 mm）。

⑤ 密合程度：0.04 mm 塞尺不入。

（2）工具、检具名称及规格：1 000 mm 平尺、专用平尺、V 形平尺、600 mm × 800 mm 平板、90° 研磨具、55° 研磨具、90° 表座、55° 表座、检棒、量块、水平仪、塞尺。

（3）工艺说明。

① 将横梁底面垫平，使各点均称，支承牢靠，用研具研刮 *A*、*B*、*C* 面。

② 检查 *A* 面不直度时，将水平仪纵置 *A* 面上（见图 6.23 和图 6.24），每隔 250 mm 测一次并记录水平仪读数，以这些数值绘出其轨迹曲线，误差以曲线包容线最大坐标值计算。

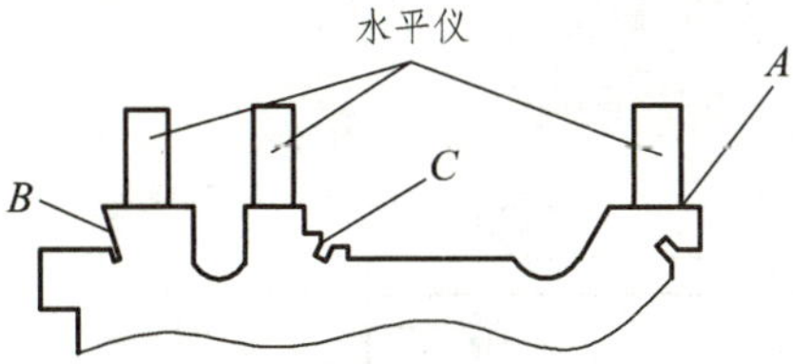

图 6.23　*A* 面的不直度检查

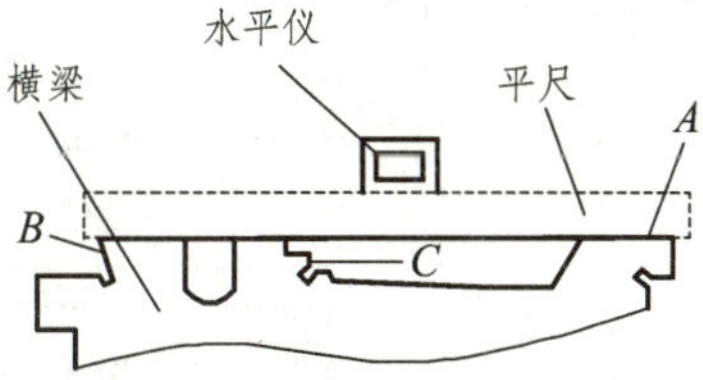

图 6.24　面的倾斜度检查

③ 按图 6.25 所示检查 *B*、*C* 面不直度。首先调整放在 V 形平尺上的检棒两端百分表读数为零，然后以 *B*、*C* 面为基准，拉表检查，百分表读数最大差值，即为检棒全长的不直度误差。

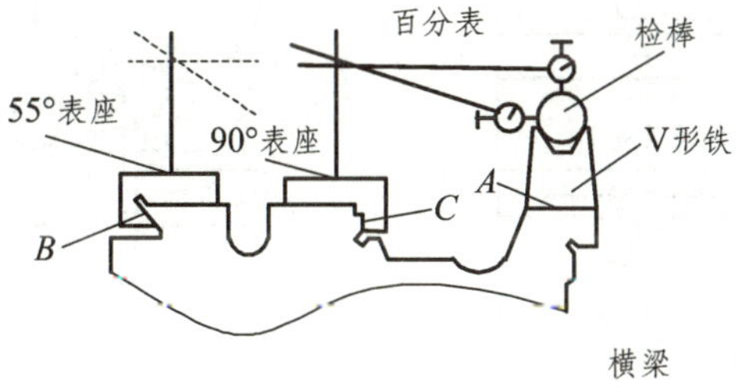

图 6.25　*B*、*C* 面不直度检查方法

④ 按图 6.24 所示检查 *A* 面倾斜。水平仪横放在 *A* 面平尺上，在全长上逐段移动平尺，水平仪读数的最大差值为倾斜误差。

⑤ 用塞尺检查不垂直度。

2. 刮 *D*、*G*、*Q* 面（见图 6.26）

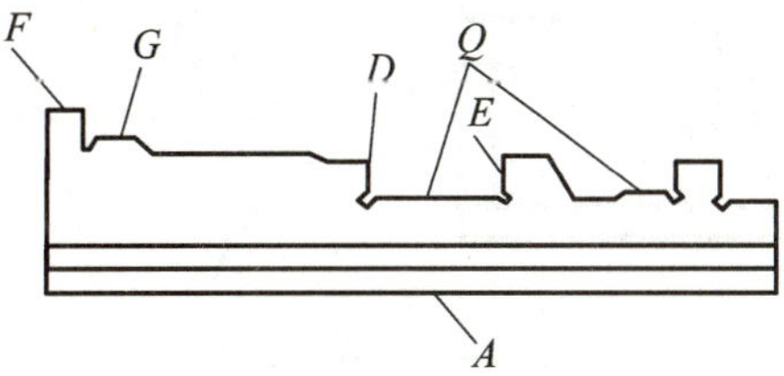

图 6.26　横梁示意图

（1）技术要求。

① 对 A 面的不平行度：上下 0.02 ~ 0.04 mm（下面高），左右：0.02 mm。

② 接触点：8 点/（25 mm × 25 mm）。

（2）工具、检具名称及规格：百分表。

（3）工艺说明。

① 在床身导轨的不同位置上，推移横梁，视其接触情况进行研刮，加工后所有表面均应合格。

② 将百分表及表座放在床身上，表针触及床身导轨面四角（见图 6.27 所示位置），检查对床身导轨面的不行度。

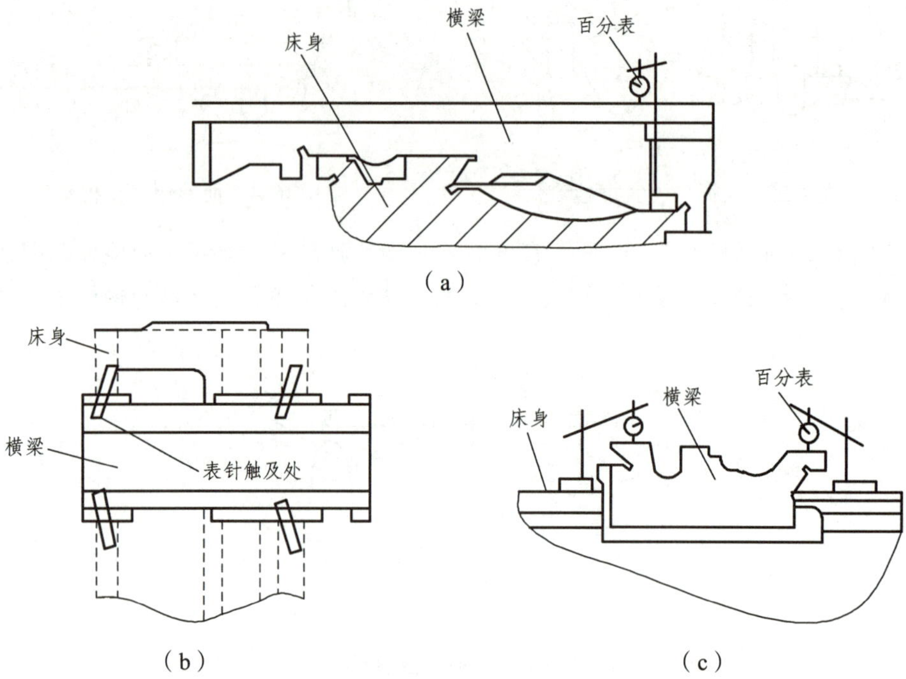

图 6.27　横梁研刮示意图

③ 按图 6.28 所示测出尺寸 A，使横梁和侧刀架这一尺寸保持一致。

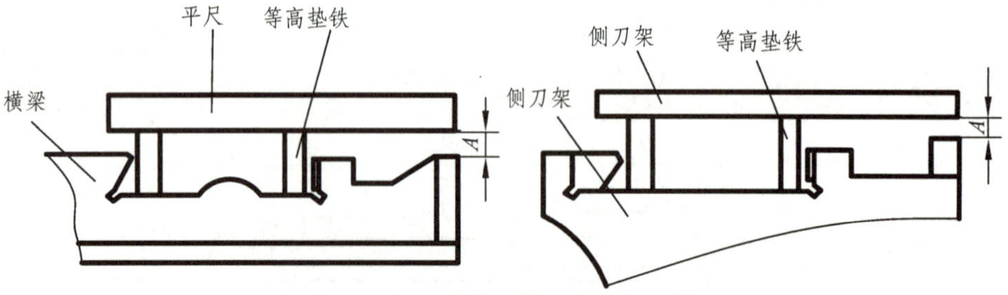

图 6.28　测量示意图

④ 最好使用图 6.29 所示的翻转工具进行横梁与床身导轨合研。

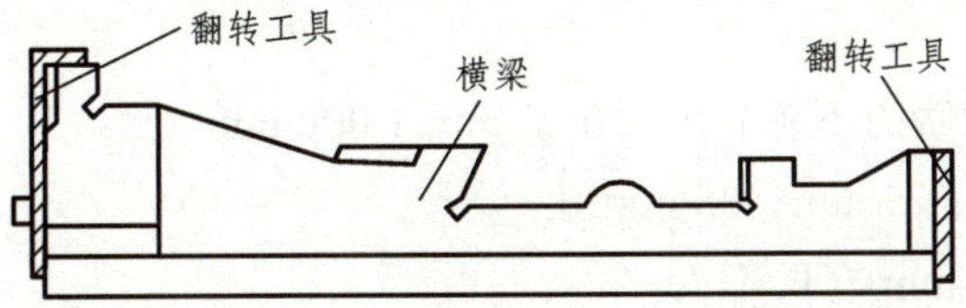

（a）

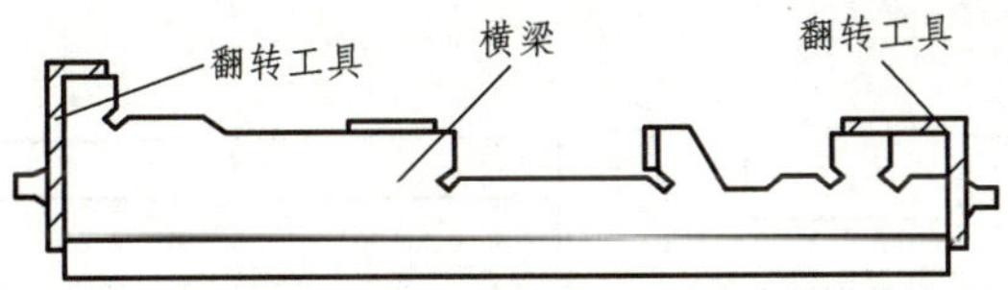

（b）

图 6.29　翻转工具

3．刮 *F*、*E* 面

（1）技术要求。

① 对 *Q*、*G* 面的不平行度：0.02 mm。

② 接触点：6 点/（25 mm × 25 mm）。

（2）工具、检具名称及规格：300 mm 平尺、百分表。

（3）工艺说明。

① 先控制对 *Q*、*G* 面的不平行度，然后，再通过研刮达到接触点要求（见图 6.26）。

② 采用如图 6.30 所示方法，控制 *F* 面的高度，尺寸 *B*、*H* 应和侧刀架相一致，以保证上、下进给箱中的传动轴中心重合。

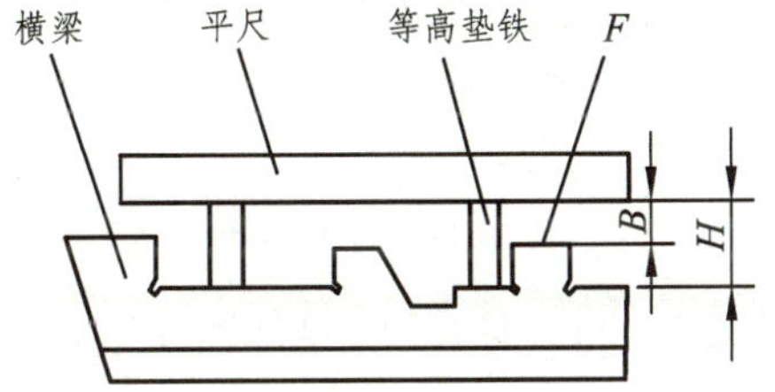

图 6.30　控制 *F* 高度检查法

4．刮研 55° 压板（见图 6.31）

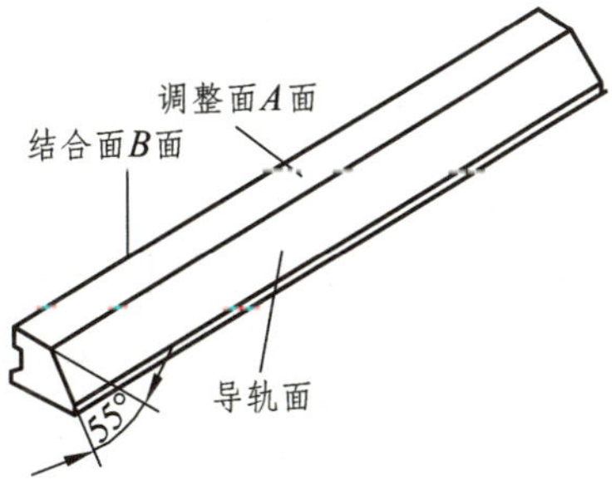

图 6.31　55° 压板

（1）技术要求。

① 上导轨对床身导轨的不垂直度：0.03 mm/1 000 mm。

② 接触点：10 点/（25 mm × 25 mm）。

③ 密合程度：0.04 mm 塞尺不入。

（2）工具、检具名称及规格：检具（见图 6.32）、百分表、塞尺。

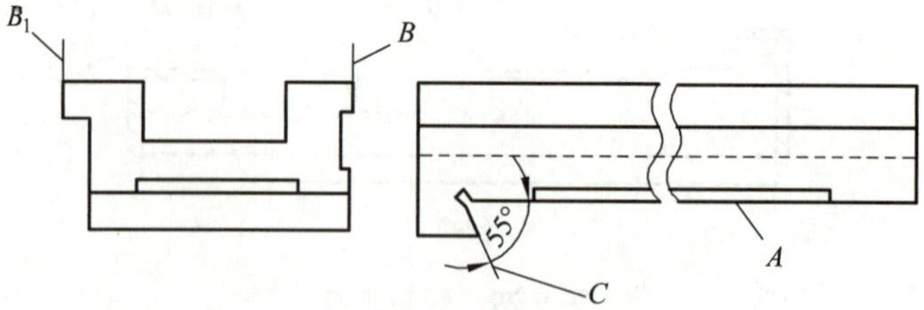

图 6.32　横梁侧刀架检具示意图

技术条件：1. *B* 面对 55° 导轨的不垂直度在全长上不大于 ± 0.005 mm；
2. *B* 面对 *B* 面的不平行度在全长上不大于 0.01 mm；
3. 55° 允差不大于 0.4 mm；
4. *A*、*B*、B_1 和 *C* 面，以标准平板着色检查，每 25 mm × 25 mm 内不少于 12 个点；
5. *A*、*B*、B_1、*C* 各面的不平度不大于 0.01 mm/500 mm；
6. *B*、B_1 对 *A* 平面的不垂直度不大于 ± 0.02 mm。

（3）工艺说明。

① 按图 6.33 研刮 55° 压板与横梁接触面 *A*、*B*，达到接触点 6 点/（25 mm × 25 mm），0.04 mm 塞尺不入。

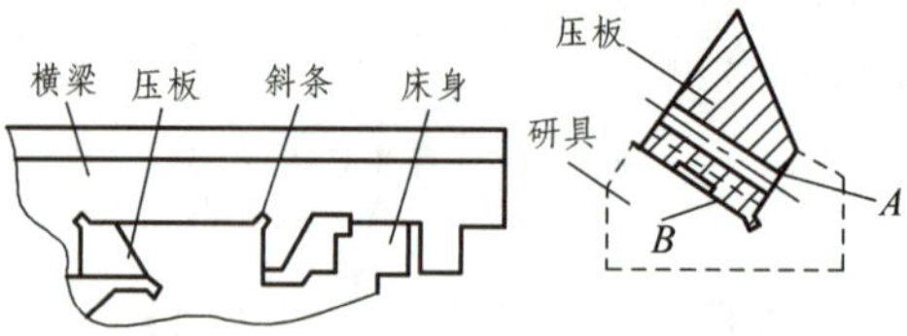

图 6.33　压板研刮

② 将 55° 棒铁紧固于横梁上，与床身合研，接触面积达 80%，0.04 mm 塞尺不入为合格。否则，应研刮 55° 平面达到技术要求。

③ 调整 *A* 面（见图 6.32），用图 6.34 所示检查方法，控制上导轨对床身导轨的不垂直度。

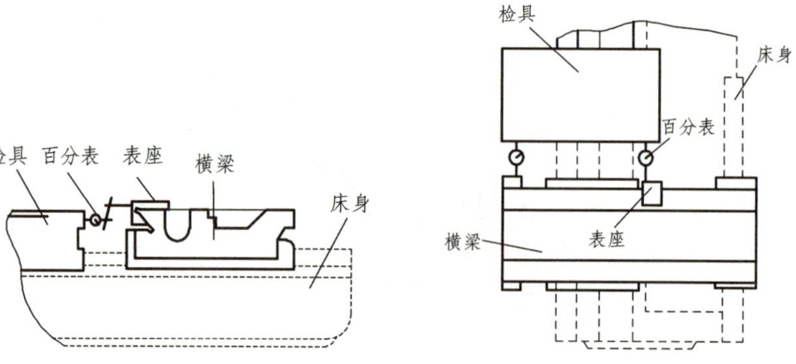

图 6.34　横梁上导轨对床身不垂直度检查方法

④ 如果侧刀架精度合格不用修复时，也可用它代替检具。

5．调压板（见图 6.35）

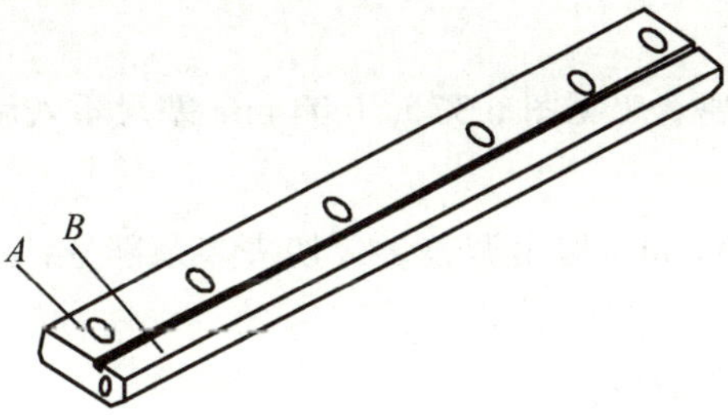

图 6.35 压板

（1）技术要求。

① 密合程度：0.04 mm 塞尺不入。

② 移动是否顺利：6 人能顺利推移。

（2）工具、检具名称及规格：塞尺。

（3）工艺说明。

将压板用螺钉紧固于放在床身的栋梁上，*A* 或 *B* 面与栋梁或床身导轨面接触时，用塞尺测得不接触面 *B* 或 *A* 间的间隙 *C*（见图 6.36），磨或刮掉接触面厚度为 $C\pm0.02$ mm（+用于 *B* 面接触，－用于 *A* 面接触）。例如，压板用螺钉紧固后，*B* 面已接触床身导轨，测得 *A* 面间隙 $C=0.2$ mm，则 *B* 面应刮掉厚度为（0.2+0.02）mm。

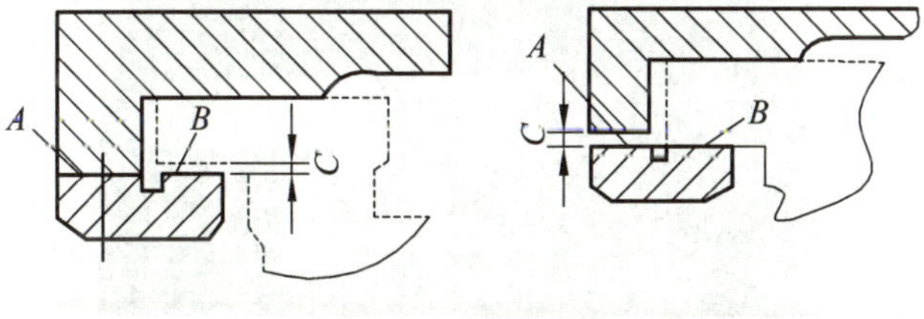

图 6.36 压板调整

6．刮斜条（见图 6.37）

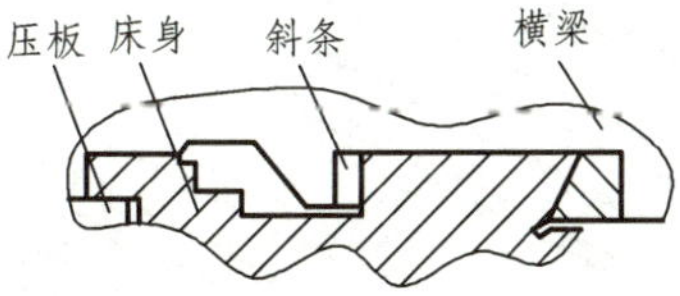

图 6.37 各导轨密封后刮斜条

（1）技术要求。

① 弯曲度：0.05 mm/全长。

② 接触点：10 点/（25 mm × 25 mm）。

③ 密合程度：0.04 mm 塞尺不入。

（2）工具、检具名称及规格：塞尺。

（3）工艺说明。

① 将斜条接触面和背面，分别放在平板上，用塞尺测弯曲度。研刮后目测是否达到要求，不可强行直弯。

② 使横梁各导轨面皆密合（见图 6.37），0.04 mm 塞尺不入后，紧固压板，将斜条拉出，进行研刮。

③ 按图将大头留长 10 mm，留出调整量，切去多余部分，铣油槽及调整螺钉用缺口，测量不直度误差。

④ 精刮斜条，达到密合要求。

⑤ 装上斜条，用塞尺测量不入。

6.2.4　横梁滑座

横梁滑座是立刀架组件的基座，又是连接横梁，还是给定刀架进给的重要桥梁。它除具有品质良好的导轨面外，还需把立刀架的传动系统零件正确地安装其上。因此，它的整修与横梁一样，主要是导轨面的修复（见图 6.38）。

（a）横梁滑座实物

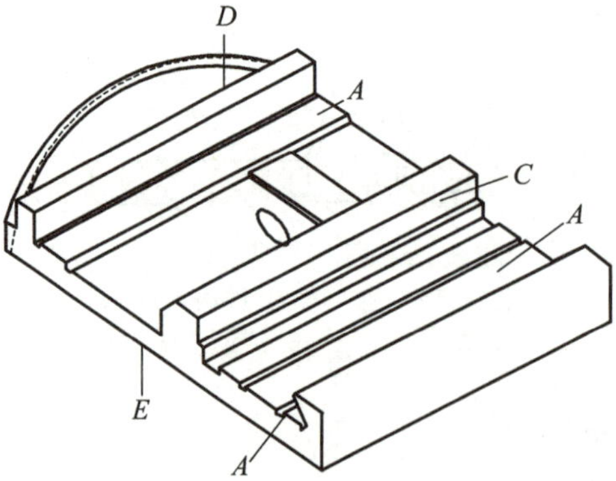

（b）横梁滑座导轨面

图 6.38　横梁滑座

横梁滑座修复时，可用研具进行研刮或与回转滑座对研，技术要求是接触点 10 点/（25 mm × 25 mm），0.04 mm 塞尺不入。

横梁滑座修复工艺及步骤如下。

1．刮 *A*、*B* 面

（1）技术要求。

① 与横梁导轨接触点、密合程度：8 点/（25 mm × 25 mm）、0.04 mm 塞尺不入。

② *E* 面对横梁上导轨的不平行度：上下 0.03 ~ 0.05 mm、左右 0.02 mm。

（2）工具、检具名称及规格（毫米）：塞尺。

（3）工艺说明。

① 与已修复好的横梁进行合研，达到技术要求（见图 6.39）。

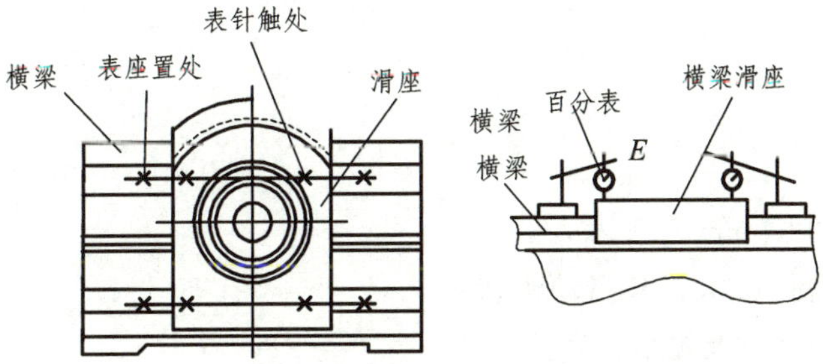

图 6.39　滑座研刮各部分关系

② *E* 面是固定结合面，常不用修复，以它作为测量和工艺基准。

③ 表座放在横梁上导轨，表针触及 *E* 面四角来检查 *E* 面对横梁地轨的不平行度（见图 6.40）。

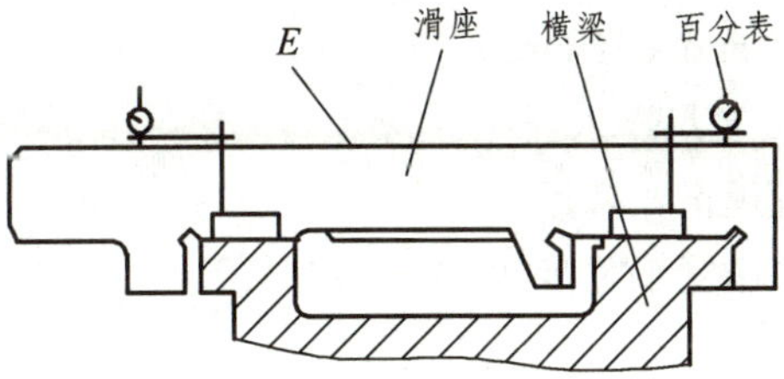

图 6.40　滑座测量

2．刮 *C*、*D* 面

（1）技术要求。

① *D* 面对 *A* 面的不平行度：0.02 mm。

② 接触点：6 点/（25 mm × 25 mm）。

③ 密合程度：0.04 mm 塞尺不入。

（2）工具、检具名称及规格：50 mm × 300 mm 研具、百分表、塞尺。

（3）工艺说明。

先控制不平行度达到要求后，再按接触点及密合程度要求进行研刮（见图 6.41）

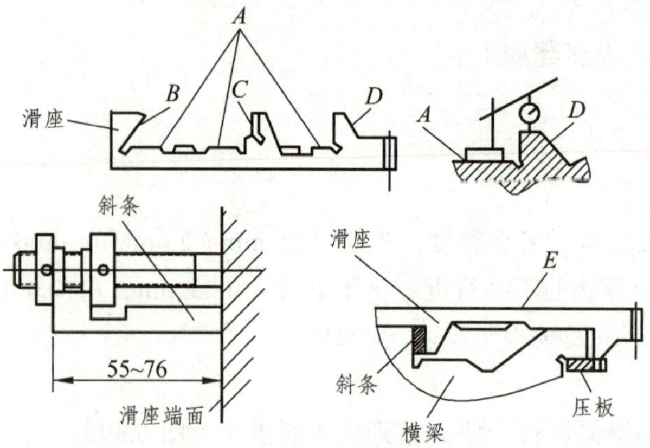

图 6.41　滑座研刮示意

3．调压板

（1）技术要求。

① 密合程度：0.04 mm 塞尺不入。

② 移动是否顺利：2 人推移滑动顺利。

（2）工具、检具名称及规格：塞尺。

（3）工艺说明：见横梁修复工艺步骤“5. 调压板”。

4．刮斜条

（1）技术要求。

① 弯曲度：0.05 mm/全长。

② 接触点：10 点/（25 mm × 25 mm）。

③ 密合程度：0.04 mm 塞尺不入。

（2）工具、检具名称及规格：塞尺。

（3）工艺说明：见横梁修复工艺步骤“6. 刮斜条”。

5．装横梁夹紧机构

（1）技术要求：夹紧松开适宜，松开时 0.04 mm 塞尺通入。

（2）工具、检具名称及规格：板子、塞尺。

（3）工艺说明。

① 调整弹簧片，使夹紧力适宜（见图 6.42 和图 6.43）。

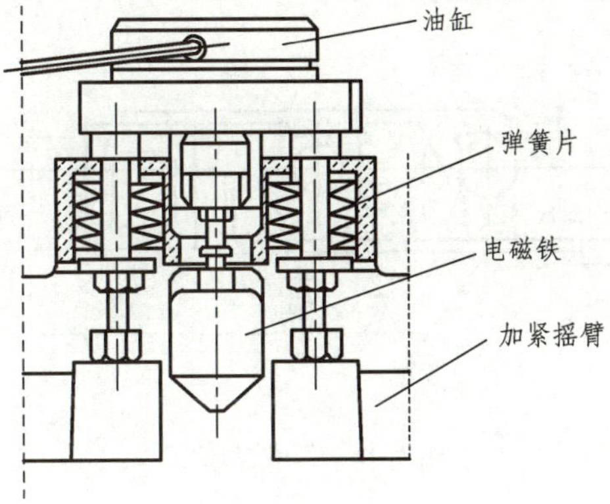

图 6.42　横梁夹紧机构图 1

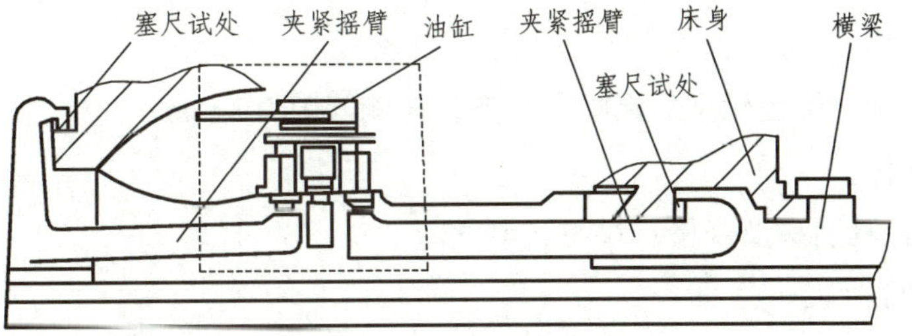

图 6.43　横梁夹紧机构图 2

② 使两夹紧摇臂夹紧力一致。

③ 组装时，使横梁沿床身往复移动数次后，再调整，直到夹紧力两臂均匀一致，大小相当，松开后有 0.04 ~ 0.1 mm 间隙。

6. 装横梁滑座支架

（1）技术要求：与横梁两端孔的不同轴度 0.02 mm。

（2）工具、检具名称及规格（毫米）：检棒、专用卡板。

（3）工艺说明。

如图 6.44 所示，先测出横梁两端孔中心到导轨面距离 A。然后调整 $\varDelta_4$ 或 $\varDelta_3$，使支架中心到滑座接触面距离为 A，$A = B -$（ $\varDelta_1$ 或 $\varDelta_2$ 检棒半径）（见图 6.45）。

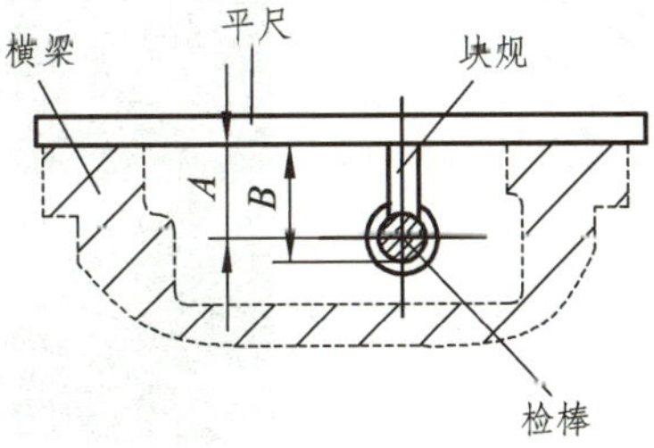

图 6.44　支架调整 1

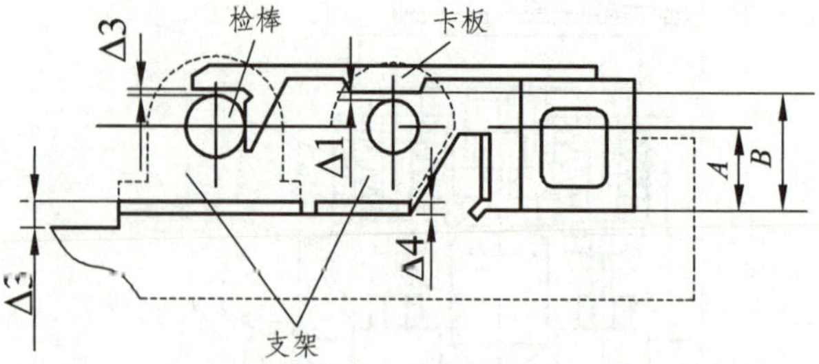

图 6.45　支架调整 2

7. 装横梁光杆

（1）技术要求。

① 调锥齿轮副：锥齿轮副后端啮合平齐，齿侧间隙 0.3 mm。

② 装光杠各件。

（2）工具、检具名称及规格：块规、铅丝。

（3）工艺说明。

① 按图装好锥齿轮副，手摸后端平齐后，用铅丝测得间隙适当，再用块规测出锥齿轮后端到轴承端距离，以此尺寸，调整隔套厚度。

② 装配各件能移动灵活后，再装好销钉。

6.2.5　立刀架

立刀架由回转滑座（见图 6.46 和图 6.47）、滑枕（见图 6.48 和图 6.49）和五角刀台（见图 6.50）等组成。导轨的修复和刀台的研刮、定位销的调整是立刀架的重点修复项目。

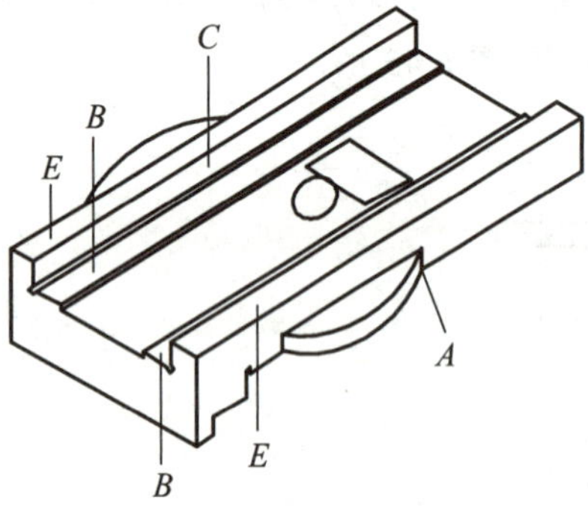

图 6.46　回转滑座各型面

图 6.47　回转滑座

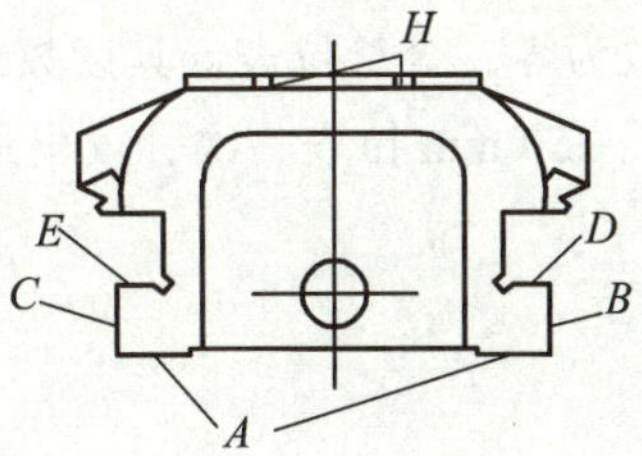

图 6.48　滑枕各型面

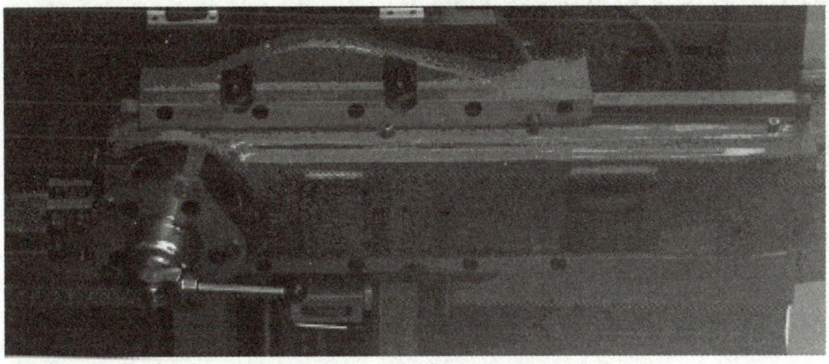

图 6.49　立刀架及滑枕

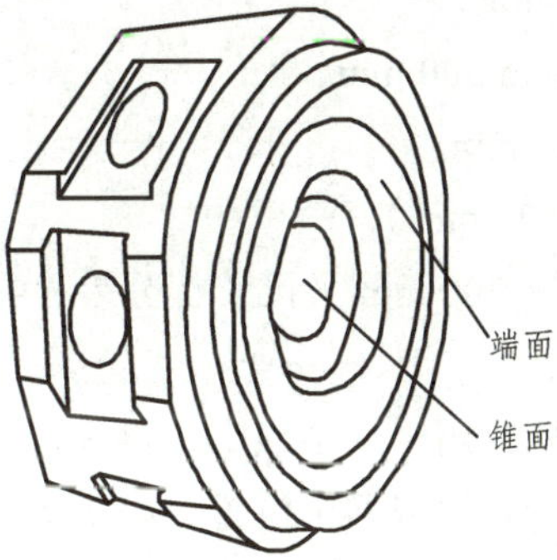

图 6.50　五角刀台

立刀架修复工艺及步骤（见图 6.49）如下。

1．刮滑枕 A 面

（1）技术要求。

① 不直度：0.02 mm/1 000 mm。

② 扭曲：0.02 mm。

③ 接触点：10 点/（25 mm × 25 mm）。

④ 密合程度：0.04 mm 塞尺不入。

（2）工具、检具名称及规格：1 000 mm 平尺、百分表、塞尺。

（3）工艺说明。

① 用研磨具研刮 *A* 面，除达到技术条件外，需控制对 *H* 面的不平行度，允差为 0.02 mm（*H* 面是制造工艺基准）。

② 使百分表在 A 面两端读数为零，全长拉表，其读数最大差值为不直度误差。

③ 使 A 面横向两端为零，隔 250 mm 拉表一次，读出最大差值，为扭曲误差。

2．刮滑枕 C 面

（1）技术要求。

① 不直度 0.02 mm/1 000 mm。

② 对 A 面的不垂直度 0.01 mm/500 mm。

③ 接触点 8 点/25 mm × 25 mm。

（2）工具、检具名称及规格：300 mm 平尺、百分表、90° 角尺。

（3）工艺说明。

① 以 B 面为基准，侧立滑枕，用千斤顶顶牢，再进行研刮。

② 用 90° 角尺和塞尺检查 C 面对 A 面的不垂直度。

3．刮滑枕 B 面

（1）技术要求。

① 不直度：0.02 mm/1 000 mm。

② 对 A 面不垂直度：0.01 mm/500 mm。

③ 对 C 面的不平行度：0.02 mm。

④ 接触点：8 点/（25 mm × 25 mm）。

（2）工具、检具名称及规格：300 mm 平尺、百分表、90° 角尺。

（3）工艺说明。

① 以 C 面为基准，侧立滑枕，用千斤顶顶牢，再进行研刮。

② 对 C 面的不平行度，至少要检查两个位置，以防 B 面扭曲。

4．刮滑枕的 E、D 面

（1）技术要求。

① 对 A 面的平行度：0.02 mm/全长。

② 接触点：6 点/（25 mm × 25 mm）。

（2）工具、检具名称及规格：300 mm 平尺、百分表。

（3）工艺说明。

在保证对 A 面的不平行度的同时，也要照顾对 C、B 面的不垂直度，使综合误差减少。

5．刮回转滑座 B、C 面

（1）技术要求。

① 对横梁上导轨的不平行度：上下 0.07 ~ 0.09 mm，左右 0.02 mm。

② 接触点 8 点/（25 mm × 25 mm）。

③ 密合程度 0.04 mm 塞尺不入。

（2）工具、检具名称及规格：百分表、塞尺。

（3）工艺说明。

① 将回转滑座紧固在滑座上用塞尺检查密合程度良好后，方可用已修好的滑枕与其合研（见图 6.51 和图 6.52）。这可防止由于回转滑座刚性不好而变形。

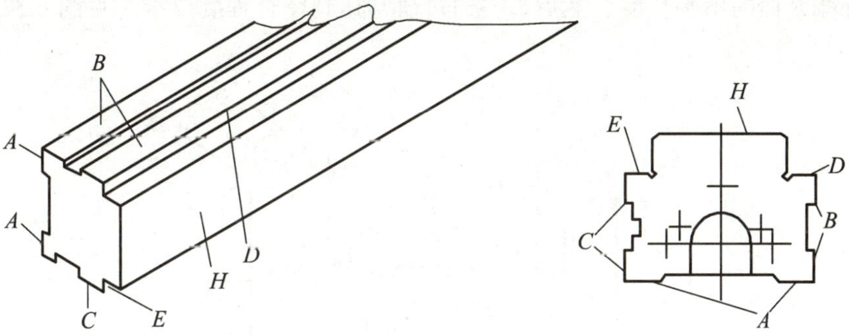

图 6.51　侧刀架滑枕示意图

图 6.52　侧刀架滑枕实物

② 用如图 6.53 所示的方法检查其不平行度误差。

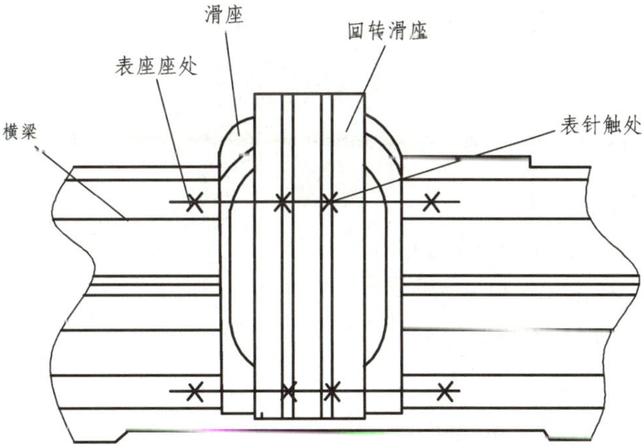

图 6.53　检查回转滑座不平行度

6．刮回转滑座 *D*、*E* 面

（1）技术要求。

① *E* 面对 *B* 面的不平行度 0.02 mm。

② 接触点 6 点/（25 mm × 25 mm）。

③ 密合程度 0.04 mm 塞尺不入。

（2）工具、检具名称及规格：300 mm 平尺、百分表、塞尺。

（3）工艺说明。

先控制对 *B* 面的不平行度，然后，再通过研刮达到密合程度要求（见图 6.54）。

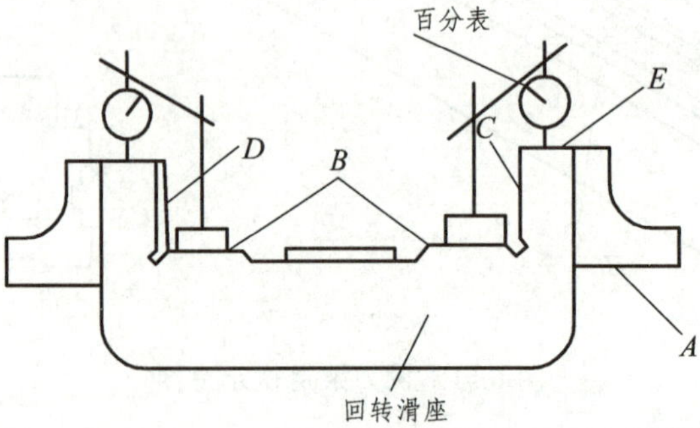

图 6.54 研刮回转滑座 *D*、*E* 面

7．调压板

（1）技术要求。

① 密合程度：0.04 mm 塞尺不入。

② 移动是否顺利：4 人能顺利推移。

（2）工具、检具名称及规格：塞尺。

（3）工艺说明：见横梁修复工艺步骤“5. 调压板”。

8．刮斜条

（1）技术要求。

① 弯曲度：0.05 mm/全长。

② 接触点：10 点/（25 mm × 25 mm）。

③ 密合程度：0.04 mm 塞尺不入。

（2）工具、检具名称及规格：塞尺。

（3）工艺说明。

① 见横梁修复工艺步骤“6. 刮斜条”。

② 将斜条研刮好后，按图 6.55 所示组装，再检测各项指标是否合格。

9．调装五角刀台芯轴

（1）技术要求：测出 Δ 值、调好调整垫。

（2）工具、检具名称及规格：块规。

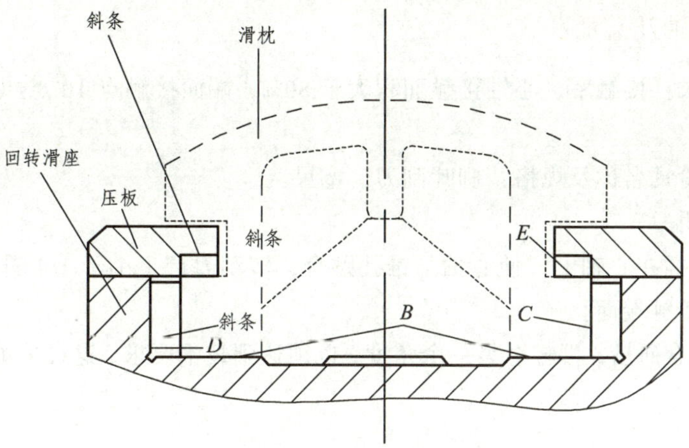

图 6.55　回转滑座刮研示意图

（3）工艺说明。

将心轴压装于滑枕孔中，使刀台孔和端面同时都接触（孔与心轴接触，端面与滑枕接触）。视接触情况，有一定的研刮量后，用量块测出 Δ 值，使调整垫厚度与其相等，装好调整垫（见图 6.56 和图 6.57）。

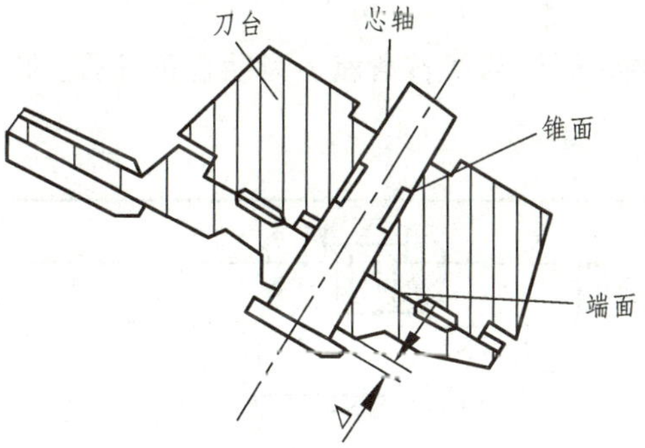

图 6.56　调五角刀台芯轴图

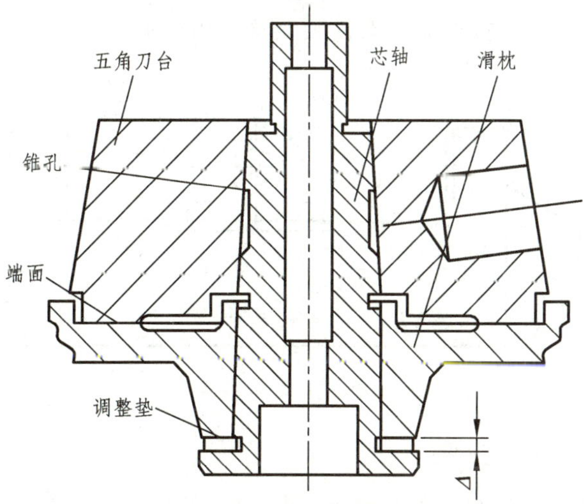

图 6.57　调装五角刀台

10．研刮芯轴及端面

（1）技术要求：接触率，心轴接触面积大于 80%，端面接触点 10 点/（25 mm × 25 mm）（稍淡）。

（2）工具、检具名称及规格：柳叶刮刀、塞尺。

（3）工艺说明。

① 将刀台孔插在心轴上，使心轴与锥孔贴合，转动刀台（小于 1/4 圈），同时刮刀台锥孔和滑枕与刀台接触端面。

② 一个角度合研后，再转至另一个角度，也须达到技术要求，这样才能保证心轴孔中心线与端面的垂直。

11．装回转滑座螺杆、滑枕丝杠

（1）技术要求。

① 调锥齿轮副：后角平齐，齿侧间隙 0.3 mm。

② 支架同丝杠轴端法兰盘不同心度：0.02 mm。

（2）工具、检具名称及规格：卡板、检棒、百分表。

（3）工艺说明。

① 按图 6.58 所示，调装螺杆与回转滑座上齿啮合正确后，再装好销钉和锥齿轮副。

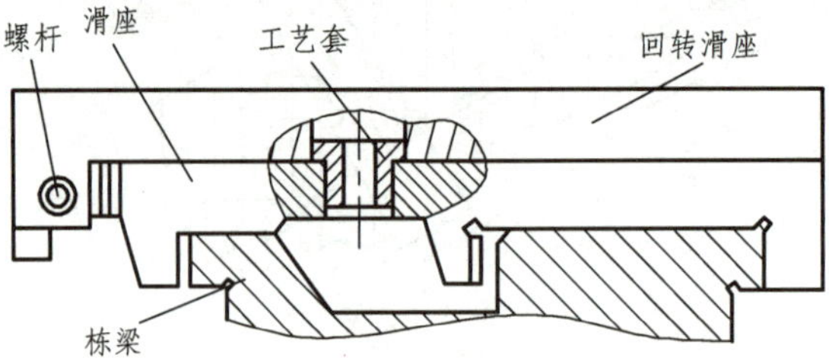

图 6.58　调装螺杆

② 按图 6.59 所示，用卡板调装支架，装上丝杠和滑枕。

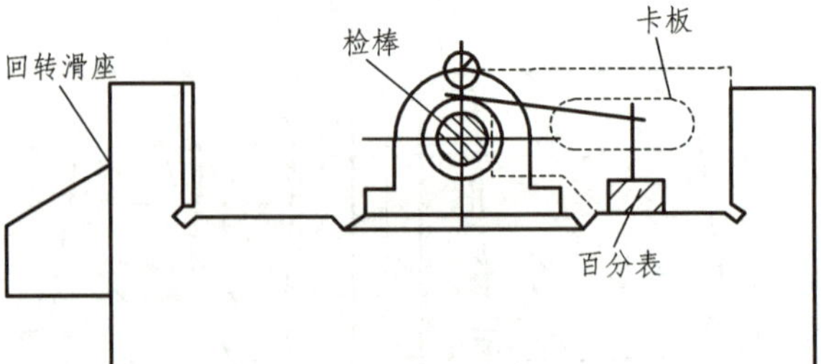

图 6.59　支架调整

12．装五角刀台，调定位销

（1）技术要求：定位销接触面积不低于 70%。

（2）工具、检具名称及规格：塞尺。

（3）工艺说明。

① 通过缺口，在刀台和滑枕端面垫上 0.03 mm 塞尺，使定位销接触良好后（5 个位置），试验各个定位销定位精度。定位后，刀台与滑枕端面垫 0.03 mm 塞尺抽不出来为合格。

② 定位销通过对研和选配（或修磨）达到接触面积不低于 70%。

13．注意事项

（1）立刀架滑枕与回转滑座的导轨面修刮时，由于回转滑座较薄、易变形，必须将回转滑座紧固于滑座上，再进行研刮修复。

（2）五角刀台研刮修复工作中，需确定是以心轴锥面为基准，还是以端面为基准。

一个零件以它较大的面作为支承面来抵抗切削力，使其平均单位面积压力减少，增加它的刚性。研刮修复刀台锥孔工作中，必须以心轴锥面作为主定位，端面为辅助定位。

（3）横梁、横梁滑座、立刀架修复后，势必影响立刀架、五角刀台与工作台中心线的不重合度。因此，在组装时，必须自镗扩大工具孔，这就要求尽量减少修复量。

6.2.6　侧刀架

侧刀架如图 6.60 所示，侧刀架各装配面如图 6.61 所示。

图 6.60　侧刀架照片

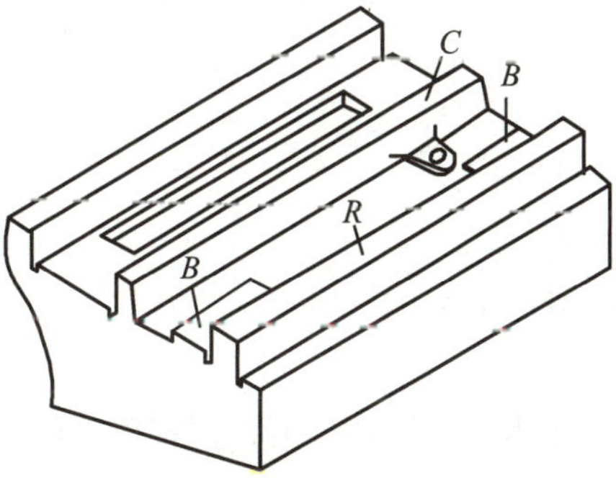

图 6.61　侧刀架体

侧刀架的修复工艺与步骤如下。

1．刮 *H*、*D* 面（见图 6.62）

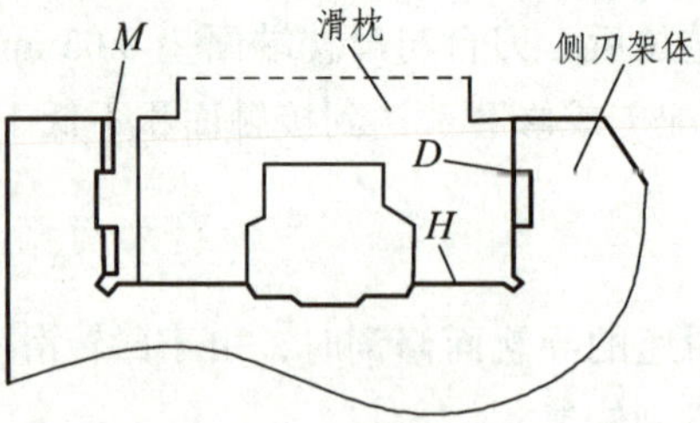

图 6.62　侧刀架体与滑枕合研

（1）技术要求。

① 不直度：0.02 mm/1 000 mm。

② 接触点：10 点/（25 mm × 25 mm）。

③ 密合程度：0.04 mm 塞尺不入。

（2）工具、检具名称及规格：塞尺。

（3）工艺说明。

① 用已修复合格的滑枕与其合研，视其接触情况进行研刮。由于滑枕的不直度是合格的，所以只检查接触点及密合程度即可。

② 在修复 *H* 面时，须控制与压板顶面的不平行度，允差为 0.02 mm。

2．刮 *M* 面

（1）技术要求。

① 不直度：0.02 mm/1 000 mm。

② 接触点：6 点/（25 mm × 25 mm）。

③ 密合程度：0.04 mm 塞尺不入。

（2）工具、检具名称及规格：塞尺。

（3）工艺说明：用已修复的滑枕与其合研。

3．调压板

（1）技术要求。

① 密合程度：0.04 mm 塞尺不入。

② 移动是否顺畅：2 人能顺利推移。

（2）工具、检具名称及规格：塞尺。

（3）工艺说明。

将压板用螺钉紧固于侧刀架体上，用塞尺测得不接触面间隙 Δ，磨或刮掉接触面厚度 = $\Delta \pm 0.02$（+用于 *B* 面接触，－用于 *A* 面接触，见图 6.45）。

4. 刮斜条

（1）技术要求。

① 弯曲度：0.05 mm/全长。

② 接触点：10 点/（25 mm × 25 mm）。

③ 密合程度：0.04 mm 塞尺不入。

（2）工具、检具名称及规格：塞尺。

（3）工艺说明。

① 将斜条接触面和背面分别在平板上，用塞尺检查它的弯曲度，研刮达到要求，不要强行直弯。

② 使其 *H*、*D* 面与滑枕导轨面密贴（见图 6.62），0.04 mm 塞尺不入后，紧固压板，往复拔出，甩入斜条，进行研刮，达到接触点 8 点/（25 mm × 25 mm），0.04 mm 塞尺不入。

③ 按图纸尺寸向大头放长 10 mm，留出图纸规定调整量，切多余部分，铣油槽及调整螺钉用缺口。

④ 精刮斜条，达到密合程度要求。

⑤ 装上斜条，用塞尺检查与各导轨密合程度。

5. 刮 *B* 面（见图 6.63）

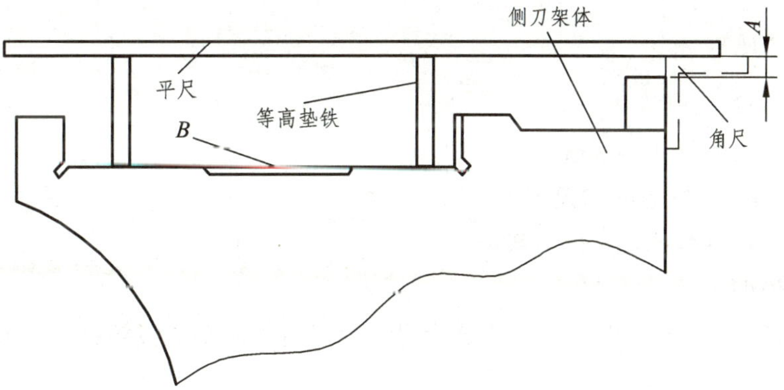

图 6.63　合研 *B* 面控制 *A*

（1）技术要求。

① 不直度：0.02 mm/1 000 mm。

② 接触点：10 点/（25 mm × 25 mm）。

③ 密合程度：0.04 mm 塞尺不入。

（2）工具、检具名称及规格：塞尺、1 000 mm 平尺、角尺、等高垫铁。

（3）工艺说明。

与床身导轨合研，并按图 6.63 所示，控制 *A*，使之与横梁相应尺寸一致。

6. 刮 *C*、*B* 面

（1）技术要求。

① 接触点：6 点/（25 mm × 25 mm）。

② 密合程度：0.04 mm 塞尺不入。

③ *R* 面对 *B* 面不平行度：0.02 mm。

（2）工具、检具名称及规格：1 000 mm 平尺、塞尺、百分表。

（3）工艺说明。

按图 6.64 所示，用平尺研刮 *C*、*R* 面及与 55° 压板接触面。

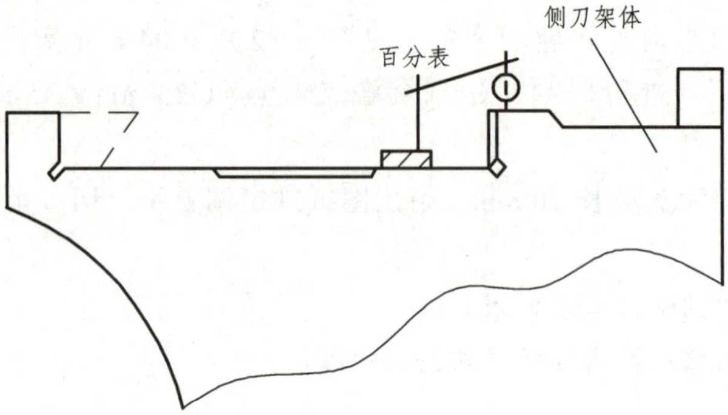

图 6.64 侧刀架体上压板面与压板接触面刮研

7. 刮 55° 压板

（1）技术要求。

① 接触点：10 点/（25 mm × 25 mm）。

② 密合程度：0.04 mm 塞尺不入。

（2）工具、检具名称及规格：塞尺。

（3）工艺说明。

将 55° 压板紧固于侧刀架体上，与床身导轨合研后，研刮压板接触面达到技术要求（见图 6.65）。

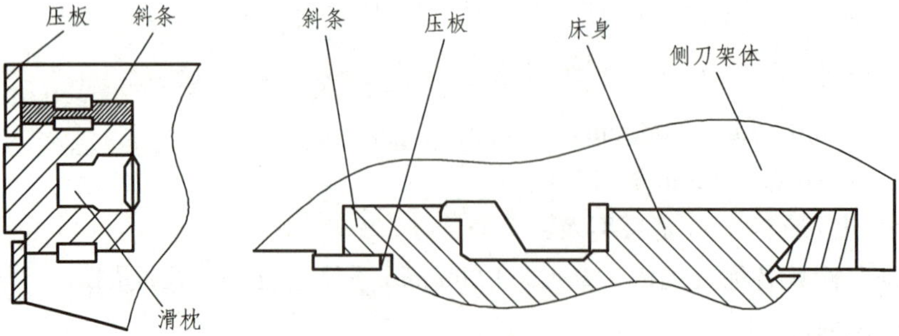

图 6.65 侧刀架体研刮

8．调压板

（1）技术要求。

① 密合程度：0.04 mm 塞尺不入。

② 移动是否顺畅：4 人能顺利推移。

（2）工具、检具名称及规格：塞尺。

（3）工艺说明。

将压板用螺钉紧固于侧刀架体上，用塞尺测得不接触面间的间隙 Δ，磨或刮掉接触面厚度 $=\Delta\pm0.02$（+用于 B 面接触，－用于 A 面接触，见图 6.45）。

9．调侧刀架体压板

（1）技术要求：滑枕接触面对床身导轨的不垂直度：0.03 mm/1 000 mm（只允许向工作台侧偏）。

（2）工具、检具名称及规格：检具（见图 6.32）。

（3）工艺说明：按图 6.66 所示方法，调整压板上与侧刀架体接触面，使其达到技术要求。

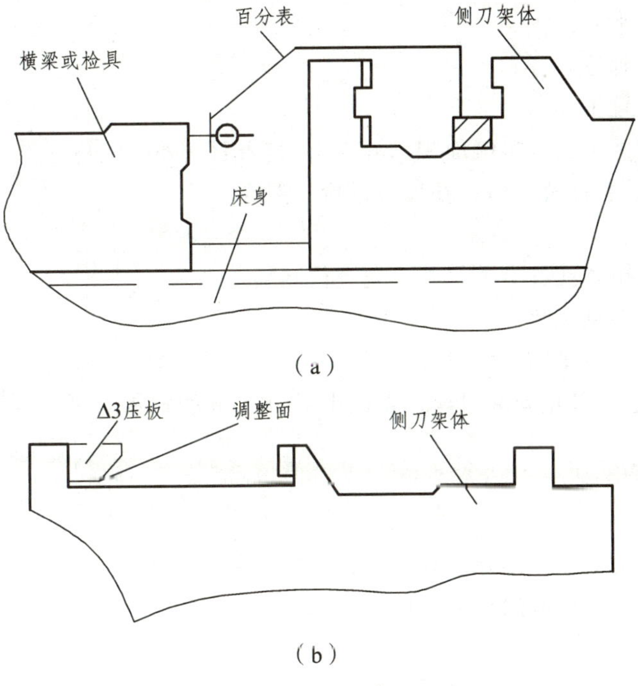

图 6.66　侧刀架压板调整图

10．刮斜条

（1）技术要求。

① 弯曲度：0.05 mm/全长。

② 接触点：10 点/（25 mm × 25 mm）。

③ 密合程度：0.04 mm 塞尺不入。

（2）工具、检具名称及规格：塞尺。

（3）工艺说明。

① 将斜条接触面和背面分别放在平板上，用塞尺检查它的弯曲度，研刮达到要求，不要强行直弯。

② 使斜条 H、D 面与滑枕导轨面密贴（见图 6.62），0.04 mm 塞尺不入后，紧固压板，往复拔出，甩入斜条，进行研刮，达到接触点 8 点/（25 mm × 25 mm），0.04 mm 塞尺不入。

③ 按图纸尺寸向大头放长 10 mm，留出图纸规定调整量，切多余部分，铣油槽及调整螺钉用缺口。

④ 精刮斜条，达到密合程度要求。

⑤ 装上斜条，用塞尺检查与检查与各导轨密合程度。

11．装各轴

（1）技术要求。

① 各轴应清洁，锐角倒钝。

② 单键配合良好。

③ 各齿轮啮合平齐。

④ 蜗杆副调装到位。

⑤ 轴承安装位置正确。

⑥ 销钉接触良好（销钉接触面积达 60%），装入后只外露倒角。

（2）工具、检具名称及规格：塞尺、铅粉、铜棒。

（3）工艺说明。

① 检查各轴及箱体孔各主要尺寸，先进行试装。

② 蜗杆副调装参见调装方法一节。

③ 直径大于 70 mm 的轴承，建议将轴承浸入加热油箱中，温达 70 ~ 80 °C 后，戴石棉手套将其装在轴径上，禁止局部烘烤，直径小于 70 mm 的轴承，可用铜棒打入。

12．装润滑管路

（1）技术要求。

① 管路不能有弯扁，且排列整齐。

② 油管接头处不得有漏油，喇叭口不得裂开。

（2）工艺说明。

① 铜管应回火后再使用，注意不要弯扁。

② 油管经清洗后，在头部最好先用黄油堵好，以防污物进入。

13．装滑枕

（1）技术要求：齿条副啮合间隙 0.3 mm。

（2）工具、检具名称及规格：铅丝。

（3）工艺说明：调整齿条背面，达到啮合间隙要求后，装好各件。

第7章

机床的装配与调整

7.1 各部件修复后的组装

机床各部件修复后的装配与调整工序见表 7.1。

表 7.1 各部件修复后的组装

序号	工序名称	基本条件		需用工具、检具名称及规格	工艺说明
		要求项目	允差/mm		
1	床身立柱准备	清洗、擦净各导轨面			注意不要碰伤导轨，将床身立柱卧放在木方上，导轨向下
2	调装锥齿轮副，装变速箱	（1）锥齿轮副啮合正确； （2）变速箱与床身立柱结合面密贴		锥齿轮副调整工具（见图 7.1）	（1）将变速箱串装在床身立柱上，装好后，立起床身立柱。变速箱组件如图 7.2 所示； （2）按 7.2 节方法调整锥齿轮副，使其达到要求
3	装工作台，调水平（见图 7.3）	床身立柱导轨对工作台工作面的不垂直度	0.04/1 000（左右小于 90°）	（1）等高垫铁； （2）专用表座； （3）水平仪； （4）1 000 mm 平尺	（1）工作台水平是立式车床几何精度基础，应按图 7.3 认真调整； （2）图 7.3 中所示方向是为了保证有关各项几何精度达到允差要求； （3）中间 4 块地脚垫铁，承载力应稍大一些，以便于调整
4	装测刀架、横梁、横梁滑座、立刀架				按图 7.4 装好侧刀架、横梁、横梁滑座、立刀架等部件，注意各部件用木方垫牢
5	装进刀传动机构、横梁升降装置	升降丝杠和横梁丝母应保持同心		检棒	按图 7.5 所示进行调装。检棒上下旋转都顺利后，重新钻、铰销钉孔，装好销钉
6	装液压、润滑及防护装置				注意管接头密贴良好
7	注入润滑油，装主电机，调夹紧机构	两个夹臂端面与结合面间隙在放松时相同	0.04～0.10	塞尺	（1）经反复夹紧松开试验调整弹簧达到要求； （2）装好其他部件，接好电源
8	调几何精度				（1）各项几何精度检查方法及调整，详见“机床几何精度检查”，如图 7.6 所示； （2）五角刀台定位精度对自车刀台孔的质量有很大影响，因此，在几何精度检验前，按图 7.7 所示将 1 m 左右铁管插入刀台五孔的一个孔中，一人左右搬动铁管，百分表读数差值不大于 0.02 mm，即为定位良好

续表

序号	工序名称	基本条件		需用工具、检具名称及规格	工艺说明
		要求项目	允差/mm		
9	试验行程预检几何精度				回转工作台，使刀台工作孔与工作台中心重合，调行程撞块（见图 7.8）
10	镗刀台五孔			镗孔工具	将镗孔工具紧固于工作台中间，旋转工作台，滑枕上下移动，进行镗孔
11	自车工作台面	工作台面的不平度	0.02/1 000 全长：0.03（只许中间凹）	（1）1 m长平尺； （2）等高垫块； （3）块规	（1）除达到技术要求外，按图纸切出沟槽； （2）工作台面的不平度检查方法按工作台面的端面、工作台的径向跳动进行检查

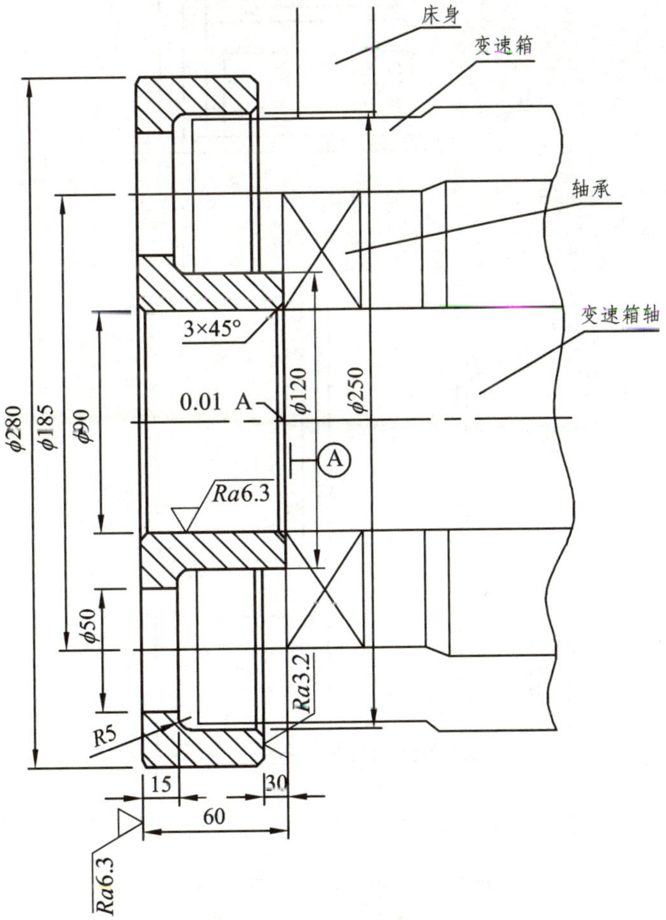

图 7.1　锥齿轮副调整工具

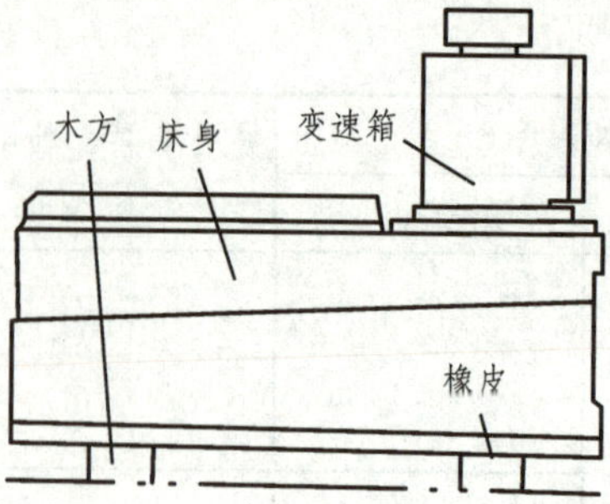

图 7.2　装变速箱示意图

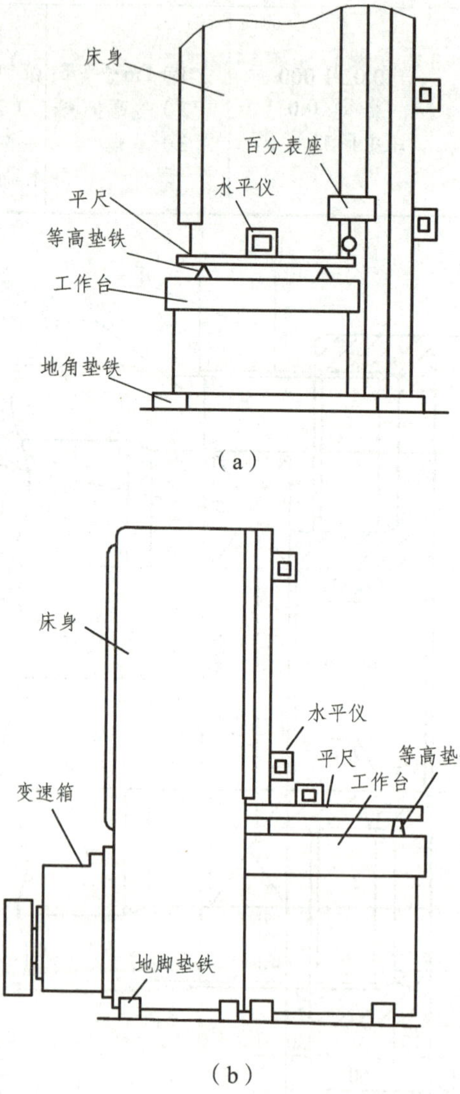

图 7.3　调装工作台水平示意图

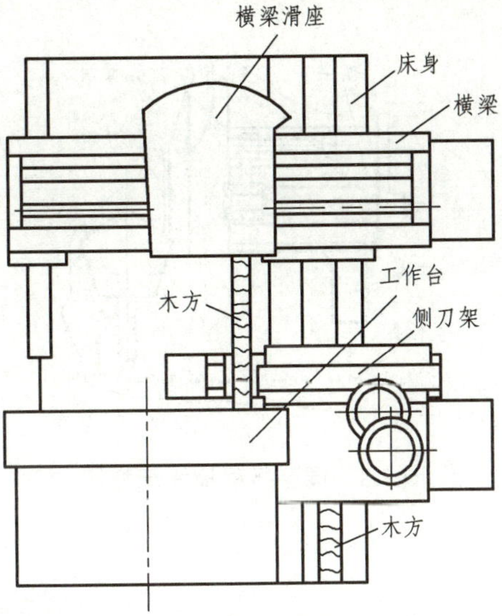

图 7.4　侧刀架、横梁、横梁滑座、立刀架安装示意图

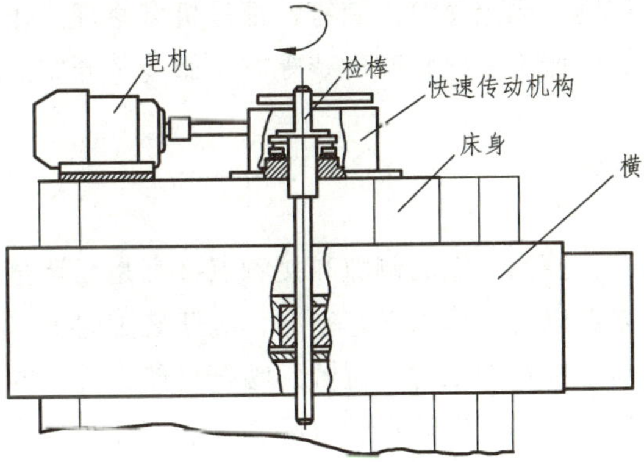

图 7.5　快速传动机构安装示意图

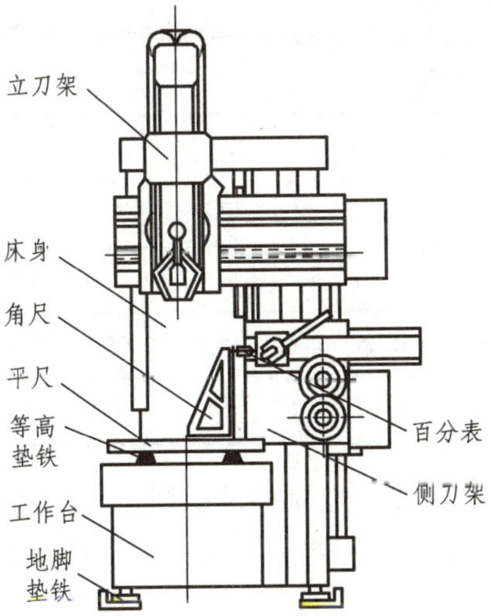

图 7.6　检查侧刀架上下移动对工作台的不垂直度示意图

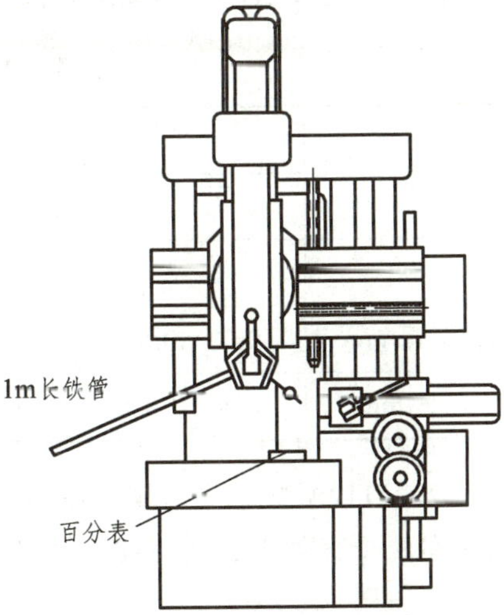

图 7.7　检查五角刀台定位精度示意图

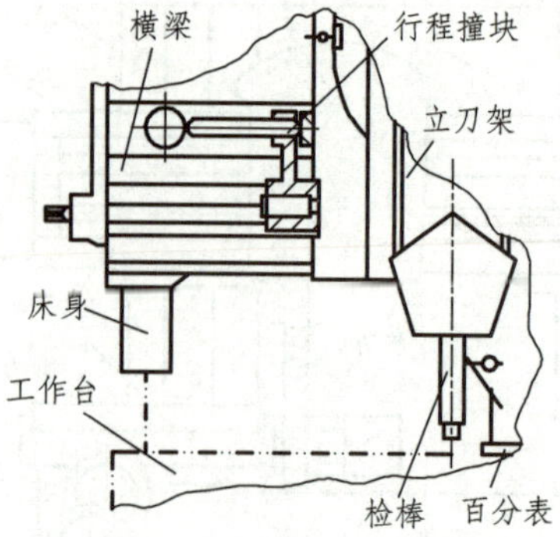

图 7.8　调整行程撞块示意图

7.2　调装方法

轴、齿轮的修装，选配键、固定螺钉、销钉，都是机床修理工作者必须掌握的技能，在此不再详述。本节仅就立式车床中一些特殊的装配方法做简单介绍。

7.2.1　锥齿轮副调装

锥齿轮传动的正确啮合，控制一定的侧隙和接触点，都是靠调整锥齿轮轴向位置来达到的。锥齿轮齿形加工时，多数以背锥作为工艺基准，因此装配时要求相啮合的锥齿轮副背锥齐平，使装配时再现刀具与工件精加工时的位置，啮合自然正确。同时，对不同模数精度的齿轮都有一定侧隙要求（见表 7.2），以防运转过程中发热卡住，造成研伤。对精度要求较高的锥齿轮副，在此基础上再进行侧隙与接触点的检验，然后做适当的轴向调整。对不能以背锥定位的结构，则直接以侧隙和接触点作为调整的依据。

表 7.2　齿测的间隙

项　目	类　别				
	直齿锥齿轮副		螺旋锥齿轮副		
模数	3 ~ 5	6 ~ 10	3 ~ 5	6 ~ 10	10 以上
允许间隙范围/mm	0.20 ~ 0.40	0.30 ~ 0.60	0.25 ~ 0.40	0.35 ~ 0.65	0.50 ~ 0.70
间隙变化量/mm	0.05 ~ 0.10	0.10 ~ 0.15	0.10 ~ 0.15	0.15 ~ 0.20	0.20 ~ 0.25

图 7.9 为 C5112A 型立式车床变速箱与工作台底座锥齿轮副的装配调整方法示意。这对锥齿轮副装在两个部件上，要直接用调整垫片来调节比较困难，因此使用工具来测量较为合适。

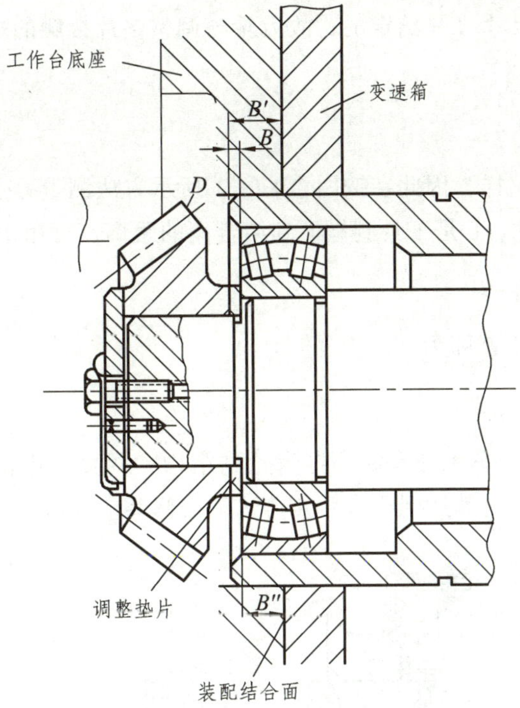

（a）锥齿轮副调整

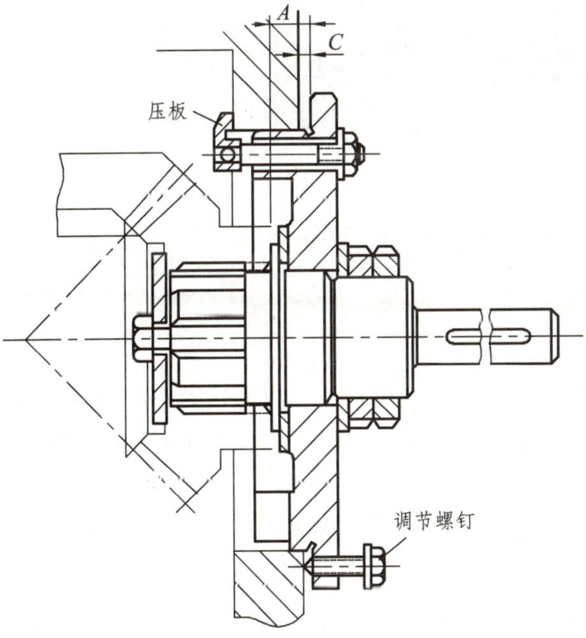

（b）锥齿轮副调整工具

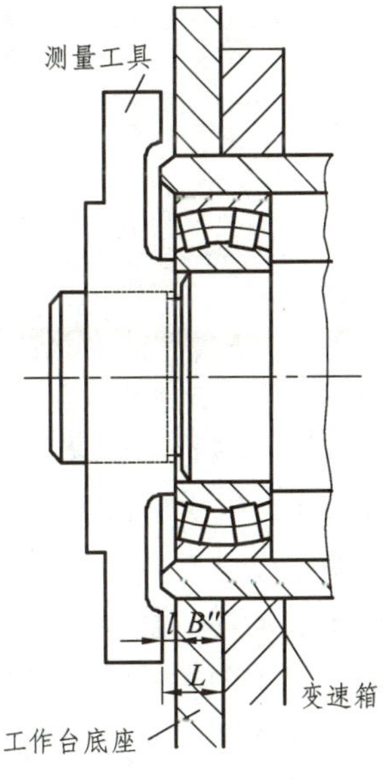

（c）测量轴承距离

图 7.9　锥齿轮副的装配调整

装配时按图 7.9（b）所示将变速箱上的锥齿轮装在工具上，两齿轮啮合后使背锥齐平测量侧隙和接触点，调节螺钉与压板螺母，使锥齿轮连同工具一起做轴向移动，达到啮合要求，

测量尺寸 C。工具上的尺寸 A 是给定的，故齿轮与调整垫片接触的端面到箱体结合面的尺寸 B'，可由下式求出：

$$B' = A - C$$

实际位置并不一定这样，因此在按图 7.9（c）所示方法测量另一结合面到轴承端的尺寸 B''。l 是工具给定的尺寸，L 是工具测量面到结合面的距离，可用千分垫测量出来，则

$$B'' = L - l$$

这样调整垫片的应有厚度 B 即为

$$B = B' - B''$$

图 7.10 所示为双柱立车工作台底座锥齿轮副结构，调整垫片装在箱体外，所以可在 A 处用紧定螺钉先调整尺寸使其达到要求后，再选配或修磨垫片就可以了。

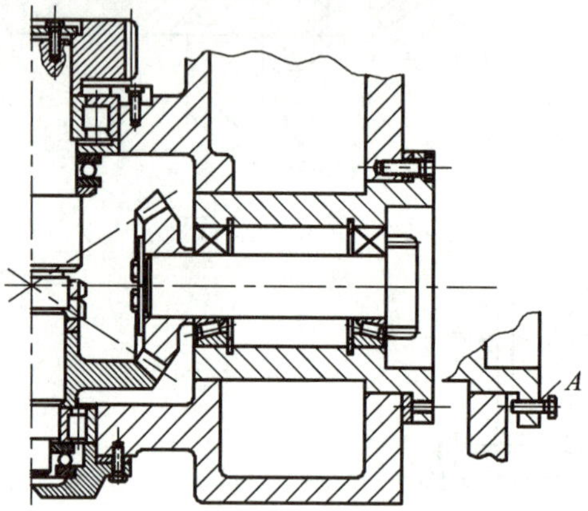

图 7.10　调整垫片在箱体外的调整方法

7.2.2　离合器的调装

离合器的调装，主要是使其主、被动零件间的间隙适宜，以便达到一定的摩擦力矩或电磁感应力矩。由于结构不同，离合器的调整方法也有所不同，以图 7.11 所示的结构为例，介绍其调整方法。

机床起动时，拨叉沿拨叉轴向左移动，使杠杆压紧摩擦片，锥形离合器脱开；反之，则为制动。调整时，应保证杠杆（每一离合器有 3 个）夹紧力一致，否则应修锉其端头。然后，试拨拨叉，既能使锥形离合器起制动作用，也能使多片式摩擦离合器带动机床起动。如果摩擦片间的间隙过大和过小，可以将调整螺母放松或旋紧，以便加大或减少其间隙，以达到预期的摩擦力矩。这种结构的离合器，经调整，达到下列要求即为合格：拨叉向左移动时，机床起动，锥形离合器脱开；拨叉向右移动时，机床制动，多片式摩擦离合器脱开。

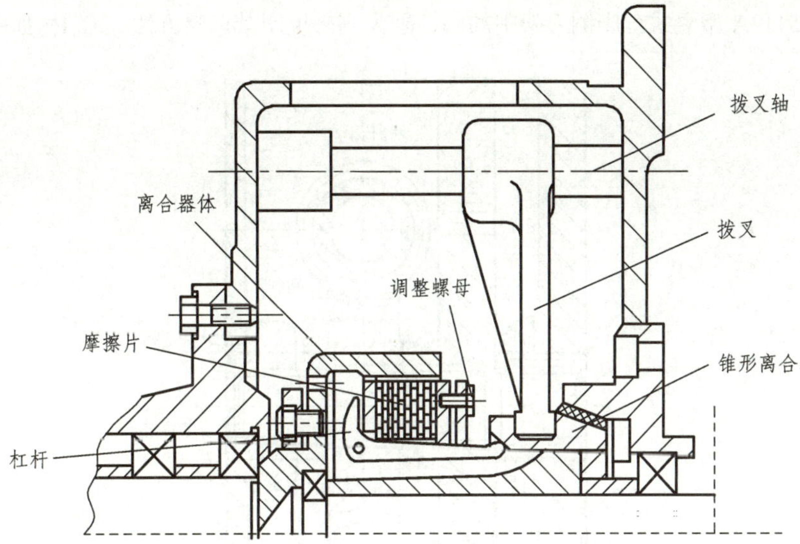

图 7.11　摩擦离合器

7.2.3　蜗杆副的调装

为使蜗杆副在机床中正确地工作，装配和修理时，必须再现工件在齿形精加工时，工件与刀具的相对位置。蜗杆副一般须满足下列要求：

（1）蜗轮、蜗杆相对位置的稳定。

（2）蜗杆中心线对蜗轮中间平面的位置精度。

（3）中心距的精度。

相对位置的稳定是靠调装过程中各零件无轴向窜动来保证的，而中心距精度一般都是由机械加工来保证的。蜗杆中心线对蜗轮中间平面的位置精度，是修理时对调装工作的主要要求。这项精度通常是通过着色观察其接触痕迹来进行调装的。

接触痕迹的要求见表 7.3。

表 7.3　接触痕迹

等级	接触长度	
	占齿长	占齿宽
6	75%	60%
7	65%	60%
8	50%	60%
9	35%	50%

达不到表 7.3 要求时，应刮削蜗轮的齿形工作面。用于操纵的机构有手轮缓量要求的蜗杆副，应控制其啮合间隙一般不得大于 0.6 mm。

下面以 C5112A 型立式车床侧刀架中的蜗杆副为例来说明其调整方法，其结构如图 7.12 所示。

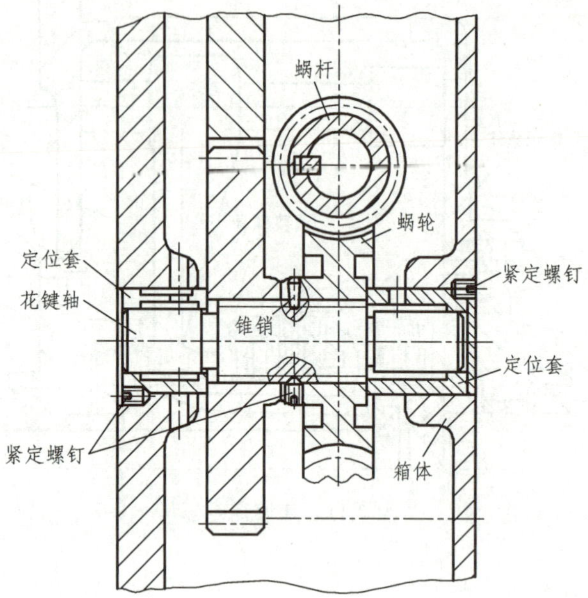

图 7.12　蜗杆副调整示意图

各件试装都达到要求后，先将蜗杆副上各部件装于箱体上，在蜗轮齿面上涂色后，转动蜗杆并左右移动蜗轮组件。达到接触要求后，用紧定螺钉将蜗轮固定于花键轴上，再钻铰销钉孔，装入销钉。这时使齿轮、定位套等端面贴合，油孔对正油槽后，再钻、攻、套和箱体上的骑缝螺孔，拧入骑缝螺钉。

7.2.4　主轴轴承的调整

立式车床工作台的主轴轴承径向间隙，是以人工进行调整的。轴承径向间隙的大小，直接影响工作台工作精度、几何精度和导轨研刮的质量。维修中如何调整其轴承径向间隙，是立式车床修理工作中的重要项目之一。

一般，按图 7.13 所示调整主轴轴承。先将轴承外环装入工作台底座孔中，并测出外环内孔孔径尺寸，再将轴承内环和滚柱装在主轴轴径上。装上测量环（见图 7.14），紧固螺钉，使测量环刚能转动，再旋转螺母，使滚道外径尺寸按规定数值小于外环内孔孔径尺寸（C5112A 型立式车床为 0.02 ~ 0.04 mm）。如装在底座孔中外环内孔孔径尺寸为 A，则

$$A - [A' - 2B] = 0.02 \sim 0.04\ \text{mm}$$

这时，即可进行导轨修复。

但是，一般工厂很难制造出这种测量环（制造厂是用轴承外环改制的）。实际工作中，比较可行的办法是将轴承和外环一同装在主轴轴径上后，徐徐旋紧背帽，使轴承外环在滚柱上不会因自重而脱落，再旋紧背帽 1/6 转，即调整完毕。从现实来看，这种方法的效果与用测量环调装控制的轴承径向间隙大体相当。

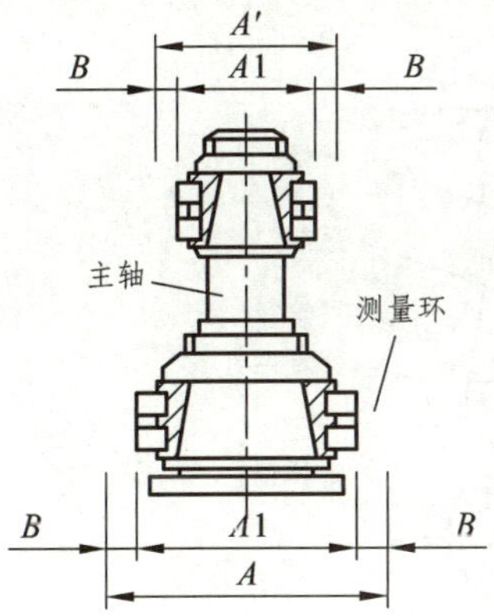

图 7.13　主轴轴承调整示意图

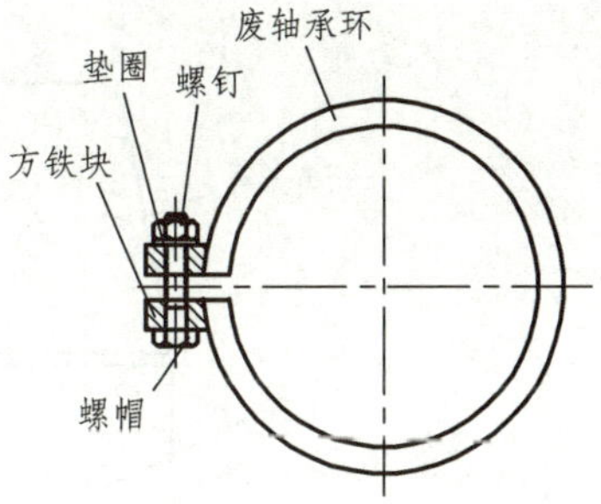

图 7.14　主轴轴承测量环示意图

修理前，初步检查几何精度，如果未发现工作台轴的径向振摆超差，那么，就可以不进行轴承调整的各个环节，使轴承外环装在底座孔中，只吊落带轴承内环、滚柱的主轴、工作台组件，进行导轨修复工作。

7.2.5　五角刀台定位机构调整

五角刀台定位精度直接影响五角刀台工具孔对工作台回转中心的不重合度，从而使加工精度降低，尤其是进行多工位加工时更为重要。因此，五角刀台定位机构的调整，也是十分重要的。我国生产的立式车床，早期都是采用如图 7.15 所示的定位销结构，背帽皆紧固于刀台上，在切削过程中，由于振动，背帽松动，可能产生破坏定位精度，现改用图 7.16 的结构，它的调整方法和顺序如下。

（1）研刮刀台锥孔面及滑枕端面。

（2）在端面处通过缺口压上一片 0.03 mm 厚塞尺。

（3）压靠刀台手柄，调整定位销后面的固定螺钉，使定位销密贴。

（4）抬起手柄，抽出塞尺，再压靠手柄，通过缺口，试塞塞尺，0.03 mm 塞尺不入，即为调整合格。

（5）拧紧紧定螺钉。

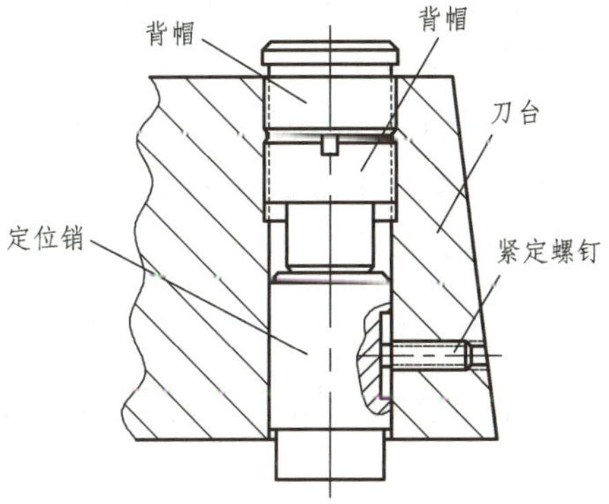

图 7.15　早期采用的定销结构

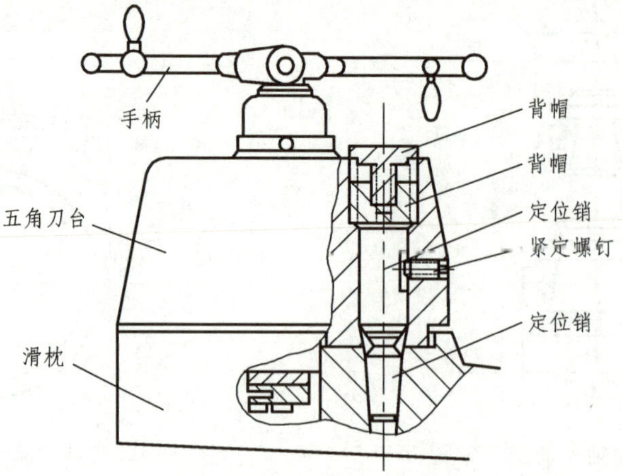

图 7.16　定销结构示意图

7.3　调整量计算

修理机床的工作者，在调整或研刮前就应该知道调整量的大小，以便根据数值，决定修理的方式和方法。因此，必须在修整前计算出调整量。

7.3.1　不垂直度调整量计算

立式车床的立刀架上下移动对工作台工作面的不垂直度超差，修刮回转滑座和滑座间固定结合面最为简单。在图 7.17 中，B 为检查长度，b 是检查长度为 B 时的超差值，则在 L 长的接触面上，应该修去量 x，根据三角形相似定理：

$$x=\frac{b\times L}{B} \tag{7.1}$$

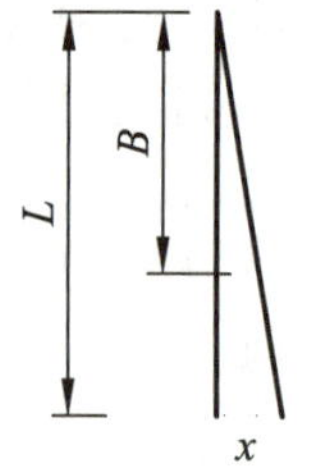

图 7.17　不垂直度调整量计算

计算时，要注意方向的正确性，算出来的值，即为应修去的最大量，其值沿着 L 长度方向上逐渐减少至零。

例 1　C5112A 型立式车床，回转滑座接触面长度为 1 m。在预检几何精度时，立刀架向下移动对工作台工作面的不垂直度为 0.09 mm/300 mm，而要求为 0.015 mm/500 mm，欲修刮回转滑座和滑座结合面，最大修去量为多少？

解：

$$b=0.09/300-0.015/500=\frac{0.45-0.045}{1\ 500}=0.135\ \text{mm}/500\ \text{mm}$$

$$x=\frac{b\times L}{B}=\frac{0.135\times 1\ 000}{500}=0.27\ (\text{mm})$$

因为检查下端为正，所以应从下端修去 0.27 mm。

7.3.2 横梁导轨面对工作台工作面不平行度的调整量计算

组装立式车床，预检几何精度的过程中，立刀架沿横梁移动对工作台工作面不平行性超差时，常调刮横梁后面 55° 导轨（不是 55° 压板），使横梁前侧导轨与工作台工作面平行。在图 7.18 中，如横梁上立刀架移动长度为 B 检查这项精度时，其超差值为 b，55° 导轨长度为 L，调刮量为 x 时，使这项精度在允差之内。假定 55° 导轨为 90° 导轨时，其调刮量为 x_1，根据三角形相似原理：

$$b : x_1 = B : L,\quad x_1 = \frac{b \times L}{B}$$

又根据 Rt△cdb 中

$$\frac{x}{x_1} = \cos 35^\circ$$

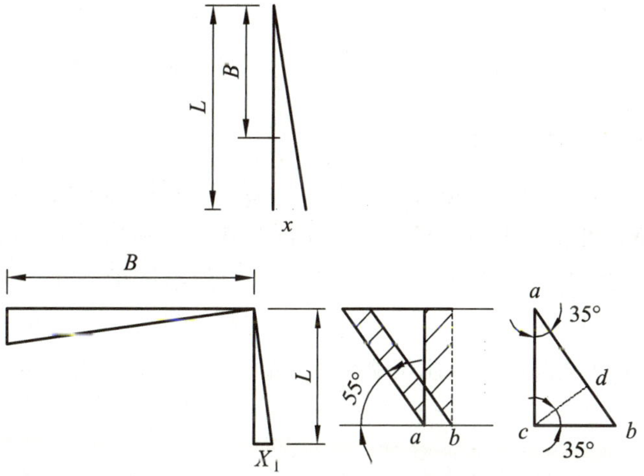

图 7.18 不平行性调整量计算示意图

则 $$x = x_1 \cos 35^\circ$$

将 x_1 值代入上式，则

$$x = \cos 35^\circ \frac{b \times L}{B} = 0.82 \times \frac{b \times L}{B} \tag{7.2}$$

如果检查长度 B 为 1 000 mm，则

$$x = 82bL10^{-5} \tag{7.3}$$

注意事项：

（1）当横梁向下倾斜超差时，则应从 55°导轨面上端修刮，横梁上仰超差时，则方向相

反，从下端修刮。

（2）同样，调整量也成直角三角形分布。

当 55° 导轨面是由 55° 压板固定于横梁上的结构（如 C5112A），调整此项精度时，应修刮 55° 压板上于横梁的接触面。由图 7.19 中的 Rt△acb 中得

$$\frac{x}{x_1}=\cot 35°$$

则
$$x=x_1\cot 35°$$

$$\cot 35°=1.42$$

并将 x_1 的值代入上式，则

$$x=1.42\times\frac{b\times L}{B} \tag{7.4}$$

可以近似地取

$$x=1.5\times\frac{b\times L}{B} \tag{7.5}$$

如果检查长度为 1 000 mm 时，则

$$x=15bL\times10^{-4} \tag{7.6}$$

这种结构，当横梁向下倾斜，其与工作台工作面不平行度超差时，应该调整 55° 压板上与横梁接触面的下端；相反，调其上端。这是实际操作中容易搞错的地方，应注意。

例 2　预检 C5112A 型立式车床几何精度时，立刀架沿横梁移动对工作台工作面不平行性超差为 – 0.10 mm/1 000 mm。欲调刮 55° 压板上与横梁导轨上的接触面，已知 55° 棒铁长度为 750 mm，问采取什么修法才能使这项精度达到+0.03 mm/1 000 mm？

解：根据式（7.6）

$$x=15bL\times10^{-4}=15\times[0.03-(-0.1)]\times750\times10^{-4}\approx0.15\ (\text{mm})$$

根据超差情况，横梁是向上仰，则必须从 55° 压板上端修去 0.15 mm，到下端逐渐减少到零。

侧刀架滑枕移动对工作台工作面不平行性超差时，也都是调整侧刀架体后面的 55° 压板，计算公式和方法与上述完全相同。

7.3.3　齿条调整量计算

机床用的齿条，一般都有调整量，便于装配和修理工人在调装时使其达到正确的啮合，并得到一定的齿侧间隙，由图 7.19 可以看出，如果将齿条向下移动 A，则在齿的一侧面产生间隙 B。

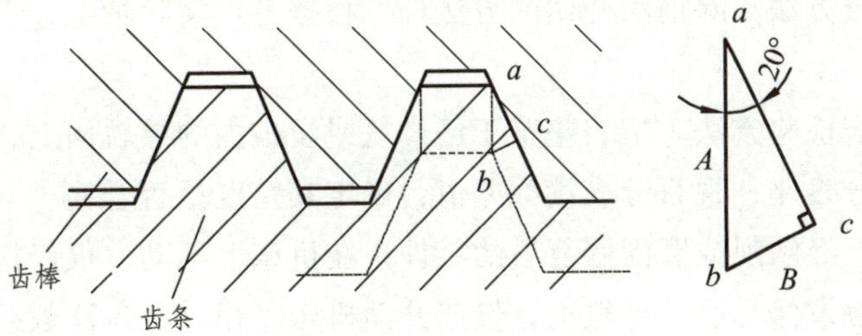

图 7.19　齿条调整示意图

在 Rt△acb 中　　　$B/A=\sin 20°$（20° 为压力角）

则　　　$B=A\sin 20°$

$B=0.342A$

而齿侧间隙　$C=2B$

所以

$C=2\times 0.342A=0.684A$

取　　　$C\approx 0.7A$　　　（7.7）

例 3　想要使无侧隙的齿条副（压力角为 20°）调到齿侧间隙为 0.10 ~ 0.15 mm，则齿条后面应磨去多少？

解： $C_{小}=0.1$ mm，$C_{大}=0.15$ mm，根据式（7.6）可得

$A_{小}=C_{小}/0.7=0.1\div 0.7=0.143$（mm）

$A_{大}=C_{大}/0.7=0.15\div 0.7=0.21$（mm）

因此，齿条后面应磨去 0.143 ~ 0.21 mm 即可。

7.4　修复方法的选择

用研刮方法修复机床耗时长，劳动强度大，对工人技术水平要求高，在实际工作中要避免采用。如果设备能力允许，可采用刨削加工或磨削加工来修复各部件导轨。

目前，一些工厂采用铸铁冷焊修复机床已经取得了良好的效果。即研伤了的导轨，经过工艺处理之后，进行焊补，再经打磨修光后即可恢复使用。

如果由于维护不好，仅在某导轨上有几处研成面积不大的深沟，可将破损处仔细清理后，用化学填料将深沟填平，待凝固后，用 200 号砂纸磨平，即可恢复使用。

在检查机床损坏情况时，如果仅几个部件需要修理，为了不影响相对位置尺寸，采取去掉破损层，镶补锌铝铜合金板或夹布胶木板，也是十分有效的。该方法既能恢复破损零件精度，又不破坏相互关联尺寸。斜条类零件，采用这种修复方法，效果尤为显著。

加工后精度检查方法，除前面介绍的方法外，根据各厂实际情况，下列方法也是行之有效的。

（1）采用百分表检验方法。把表座置于已修复或没破损的导轨面上，表针触及修复后的导轨面上，移动百分表座，视百分表读数差值，确定其精度是否合格。

（2）临床检查：经刨削或磨削修复后的零件，在机床上不动，仅仅松开压板，表座紧固于机床某处，表针触及修复后的导轨上，慢速开动机床，视百分表读数差值，也可确定其精度是否合格。

（3）如有精密平板，将修复后的零件，用垫铁垫平，然后移动百分表检验其修复精度。

第8章 C5112A型立式车床试车验收

8.1 机床空运转试验

立式车床和其他金属切削机床一样，主传动和进给机构在部分装配完毕后，须先进行空运转试验。机床组装完成后，再空运转由于部件装配无法试验的主要部件，并观察整体运转情况。

8.1.1 空运转试验前的准备

（1）除净各部件中的污物，并用汽油清洗。

（2）用手扳动主传动轮（如皮带轮），应转动灵活、轻快。

（3）按润滑系统图检查各润滑油路是否正确，油管不得有弯扁现象。

（4）把过滤的清洁润滑油，按设计要求注入油箱、油池、油杯中。

（5）开动油泵，检查油泵来油是否充足、连续，润滑系统工作是否正常。

（6）润滑系统中的管接头，油泵不得有泄漏现象，否则，应维修后再进行试验。

8.1.2 空运转试验的一般要求

（1）机床主传动机构从最低速度起，按速度等级依次运转，每级的运转时间不得少于 2 min。最高转速运转时间，不得少于 0.5 h。

（2）进给机构的空运转试验，可只做低、中、高速试验。对装有快速移动机构的，尚需做快速机构的空运转试验。试验总共时间在 2 h 左右。

（3）如设计要求装载试料还须做空运转试验，则应按设计要求在中等速度进行，一般运转时间不少于 1 h。

8.1.3 空运转试验时的检查项目

（1）在最高转速运转时，主轴稳定温度要求如下：滑动轴承不大于 60 °C，滚动轴承不大于 70 °C，其他机构轴承温度不大于 50 °C。

（2）立式车床工作台，在空运转试验后，应复检其轴、径向振摆，也应达到精度标准要求。

（3）在所有速度空运转试验中，机床工作机构应平稳、正常，没有冲击、振动和较大的噪声和啸叫声。

（4）检查起动和制动动作的灵敏性，变速机构动作要可靠、正确。

（5）检查电气、液压、润滑和冷却系统的工作情况，液体供应应充分、连续，不得有渗油现象。

（6）箱体上各法兰盘盖板结合处不得有渗油现象，离合器应调整正常。

（7）检查制动器是否灵活好用，各零件及拨叉不得有松动和研损现象。

（8）齿轮副啮合位置应正确，其错位不得超过齿宽的 5%；齿宽大于 30 mm 的齿轮副，错位不得大于齿宽的 3%。

表 8.1 和表 8.2 列出了 C5112A 型单柱立式车床主运动空转。进给机构的空运转验收要求。

表 8.1　C5112A 型立车主运动机构空运转验收要求

序号	检验项目	转速/（r/min）	运转时间/min	序号	检验项目	转速/（r/min）	运转时间/min
1	工作台转速	7.5	5	7	工作台转速	38	5
2	工作台转速	10	5	8	工作台转速	55	5
3	工作台转速	13	5	9	工作台转速	66	5
4	工作台转速	17	5	10	工作台转速	87	5
5	工作台转速	22	5	11	工作台转速	115	5
6	工作台转速	29	5	12	工作台转速	150	120

表 8.2　C5112A 型立车进给机构空运转验收要求

序号	检验项目	进给量/（mm/r）
1	两个刀架当工作台 1 转时的垂直和水平进给量	0.12
2	两个刀架当工作台 1 转时的垂直和水平进给量	0.2
3	两个刀架当工作台 1 转时的垂直和水平进给量	0.32
4	两个刀架当工作台 1 转时的垂直和水平进给量	0.52
5	两个刀架当工作台 1 转时的垂直和水平进给量	0.89
6	两个刀架当工作台 1 转时的垂直和水平进给量	1.5
7	两个刀架当工作台 1 转时的垂直和水平进给量	2.5
8	两个刀架当工作台 1 转时的垂直和水平进给量	4.1

8.2 机床负荷试验

同一台机床可以根据本厂试料情况，用钢试料或铸铁试料进行负荷试验。负荷试料如图 8.1 所示。

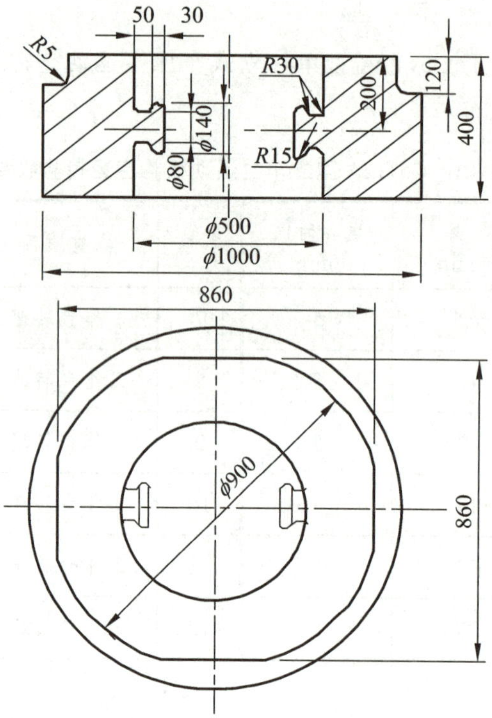

图 8.1 负荷试料

C5112A 型单柱立式车床用钢料做试料时，负荷试验按表 8.3 进行；用铸铁做试料时，负荷试验按表 8.4 进行。

8.3 机床工作精度试验

机床工作精度试验，一般都在空运转试验。负荷试验之后，并确认机床所有工作机构均已处于正常之后方可进行。

精车圆柱表面精度试料如图 8.2 所示。

表 8.3　C5112A 型立式车床负荷试验要求

<table>
<tr><th rowspan="2">序号</th><th rowspan="2">选用刀架和切削形式</th><th colspan="2">刀　具</th><th colspan="3">试　料</th><th colspan="10">切 削 规 范</th><th rowspan="2">备　注</th></tr>
<tr><th>规格</th><th>材料</th><th>材料</th><th>规格/mm</th><th>σ_b/MPa</th><th>n/(r/min)</th><th>s /(mm/r)</th><th>v /(m/min)</th><th>t /mm</th><th>l /mm</th><th>p_z/N</th><th>$p_{z总}$ /N</th><th>M /(N·m)</th><th>$N_切$ /kW</th><th>$N_主$ /kW</th></tr>
<tr><td colspan="18">刀 架 最 大 作 用 力 切 削 试 验</td></tr>
<tr><td>1</td><td>立刀架车外圆</td><td>$\varphi=45°$</td><td>YT5</td><td>45</td><td>$D=1\,000$</td><td>600～750</td><td>10</td><td>1.5</td><td>31.4</td><td>6</td><td>50</td><td>1.5×10^4</td><td>—</td><td>7 500</td><td>7.7</td><td>10.5</td><td rowspan="4">包括满功率试验</td></tr>
<tr><td>2</td><td>立刀架车端面</td><td>$\varphi=45°$</td><td>YT5</td><td>45</td><td>$D=1\,000$</td><td>600～750</td><td>10</td><td>1.5</td><td>31.4</td><td>6</td><td>50</td><td>1.5×10^4</td><td>—</td><td>7 500</td><td>7.7</td><td>10.5</td></tr>
<tr><td>3</td><td>侧刀架车外圆</td><td>$\varphi=45°$</td><td>YT5</td><td>45</td><td>$D=1\,000$</td><td>600～750</td><td>13</td><td>1.5</td><td>41</td><td>9.2</td><td>50</td><td>2.18×10^4</td><td>—</td><td>10 900</td><td>14.6</td><td>20</td></tr>
<tr><td>4</td><td>侧刀架车端面</td><td>$\varphi=45°$</td><td>YT5</td><td>45</td><td>$D=1\,000$</td><td>600～750</td><td>10</td><td>1.5</td><td>31.4</td><td>6</td><td>50</td><td>1.5×10^4</td><td>—</td><td>7 500</td><td>7.7</td><td>10.5</td></tr>
<tr><td colspan="18">扭 转 力 矩 切 削 试 验</td></tr>
<tr><td rowspan="2">5</td><td>立刀架车端面</td><td>$\varphi=45°$</td><td>YT5</td><td rowspan="2">45</td><td rowspan="2">$D=1\,000$</td><td rowspan="2">600～750</td><td rowspan="2">7.5</td><td>1.5</td><td rowspan="2">23.6</td><td>5</td><td>45</td><td>1.3×10^4</td><td rowspan="2">2.8×10^4</td><td rowspan="2">14 000</td><td rowspan="2">10.8</td><td rowspan="2">15</td><td rowspan="2">两个刀架同时切削，时间 5 min</td></tr>
<tr><td>侧刀架车外圆</td><td>$\varphi=45°$</td><td>YT5</td><td>1.5</td><td>6</td><td>45</td><td>1.5×10^4</td></tr>
</table>

注：1. 在进行各刀架最大作用力切削试验之前，各刀架应分别做切削力为最大切削力 60% 的预切试验，不做检验。

2. 在进行第 1、2 项中，如 $D\leqslant600$ mm 时，则须将切削深度 6 mm 改为 5.5 mm。

3. 表中数值为当 $D=1\,000$ mm 时的计算值，当 $D\neq1\,000$ mm 而又必须核对时，则表中各值应按下式计算

$$v=\frac{\pi Dn}{1\,000}\qquad M=\frac{P_zD}{2\times1\,000}$$

$$N_切=\frac{M_n}{974}\qquad N_主=\frac{N_切}{\eta}$$（当 $n=10$ r/min 及 13 r/min 时，$\eta=0.73$）

4. 上述各项试验检验时均以切屑断面（切削深度×进给量）为主，主电动机功率测量为辅。

5. 上述各项试验，滑枕伸出长度（自刀尖测量）应不大于 200 mm。

6. 在试验第 5 项时，试料直径不得小于 900 mm，试料高度接近 300 mm（不计卡体高度）。

7. 第 3 项试验，如试料 D<900 mm 时，应提高一级转速。

表 8.4 C5112A 型立式车床负荷试验要求

序号	选用刀架和切削形式	刀具		试料			切削规范										备注
		规格	材料	材料	规格/mm	硬度/HRB	n /(r/min)	s /(mm/r)	v /(m/min)	t /mm	l /mm	p_z /N	$p_{z总}$ /N	M /(N·m)	$N_切$ /kW	$N_主$ /kW	
刀架最大作用力切削试验																	
1	立刀架车外圆	$\varphi=45°$	YG8	HT200	$D=1\ 000$	135 ~ 185	10	1.5	31.4	12.5	50	1.5×10^4	—	7 500	7.7	10.5	包括满功率试验
2	立刀架车端面	$\varphi=45°$	YG8	HT200	$D=1\ 000$	135 ~ 185	10	1.5	31.4	12.5	50	1.5×10^4	—	7 500	7.7	10.5	
3	侧刀架车外圆	$\varphi=45°$	YG8	HT200	$D=1\ 000$	135 ~ 185	13	2.5	41	12.6	50	2.2×10^4	—	11 000	14.7	20	
4	侧刀架车端面	$\varphi=45°$	YG8	HT200	$D=1\ 000$	135 ~ 185	10	1.5	31.4	12.5	50	1.5×10^4	—	7 500	7.7	10.5	
扭转力矩切削试验																	
5	立刀架车端面	$\varphi=45°$	YG8	HT200	$D=1\ 000$	135 ~ 145	7.5	1.5	23.6	11	70	1.3×10^4	2.8×10^4	14 000	10.8	15	两个刀架同时切削时间 5 min
	侧刀架车外圆	$\varphi=45°$	YG8					1.5		12.5		1.5×10^4					

注：1. 在进行各刀架最大作用力切削试验之前，各刀架应分别做切削力为最大切削力 60% 的预切试验，不作检验。

2. 当试料硬度不等于 HRB 135 ~ 145 时，表中各项切削深度 t 的数值，应按表 8.5 取定。

3. 表中数值为 $D=1\ 000$ mm 时的计算值，当 $D\neq1\ 000$ mm 而又必须核对时，则表中各值应按下式计算

$$v=\frac{\pi Dn}{1\ 000} \qquad M=\frac{P_z D}{2\times1\ 000}$$

$$N_切=\frac{M_n}{974} \qquad N_主=\frac{N_切}{\eta}$$（当 $n=10$ r/min 及 13 r/min 时，$\eta=0.73$）

4. 上述各项试验检验时，均以切屑断面（切削深度×进给量）为主，主电动机功率测量为辅。

5. 上述各项试验，滑枕伸出长度（自刀尖测量）应不大于 200 mm。

6. 在试验第 5 项时，试料直径不得小于 900 mm，试料高度接近 300 mm（不计卡体高度）。

7. 第 3 项试验，如试料 D<900 mm 时，应提高一级转速。

8. 在进行上述各项试验时，当滑枕伸出长度（自刀尖算起）大于 200 mm 时，切削深度 t 应有所降低，降低系数根据滑枕伸出长度表 3.6 选取。

表 8.5　切削深度 t 的数值

序号		硬　度/HRB					
		135 ~ 145	>145 ~ 155	>155 ~ 165	>165 ~ 175	>175 ~ 185	>185 ~ 195
1		12.5	11.7	11	10	9.6	8.8
2		12.5	11.7	11	10	9.6	8.8
3		12.5	11.7	11	10	9.6	8.8
4		12.5	11.7	11	10	9.6	8.8
5	立刀架	11	10	9.6	8.8	8.1	7.8
	侧刀架	12.5	11.7	11	10	9.6	8.8

表 8.6　降低系数表

滑枕伸出长度/mm	>200 ~ 300	>300 ~ 400
立刀架	$0.9t$	$0.8t$
侧刀架	$0.85t$	$0.7t$

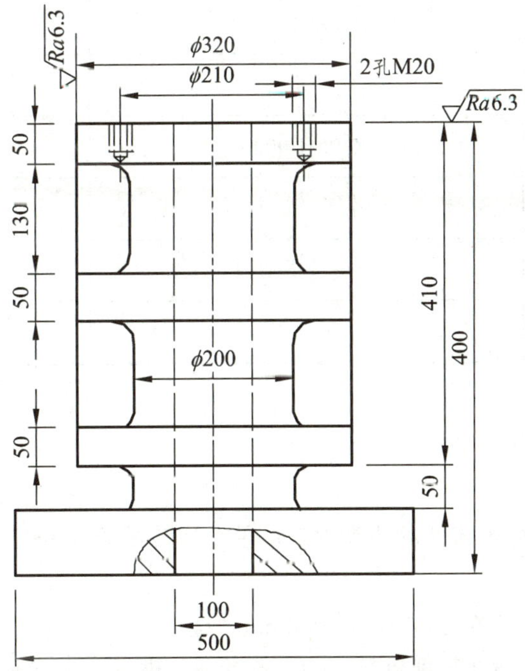

图 8.2　精车圆柱表面精度试料

精车端面精度试料如图 8.3 所示。

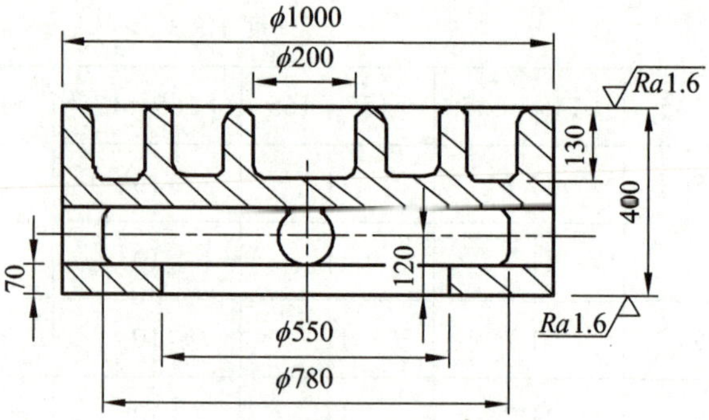

图 8.3　精车端面精度试料

进行工作精度试验所选用的切削用量和刀具，可根据本厂实际情况和习惯进行。工作精度试验的技术要求见表 8.7 进行。

表 8.7　工作精度试验技术要求

精度名称		机床型号	
		C5112A	C516A
		精度允差/mm	
圆柱表面	锥度	0.015/全长	0.015/全长
	椭圆度	0.015	0.015
	光洁度	3.2	3.2
端面	不平度	0.02/1 000	0.02/1 000
		全长：0.03	全长：0.03
		（只许中间凹）	（只许中间凹）
	表面粗糙度	*Ra*3.2	*Ra*3.2

8.4　机床几何精度检查

机床几何精度在组装各部件时应调好，并在空运转试验前和工作精度试验后分别检查一次。

机床的安装水平误差应在 0.04 mm/1 000 mm 以内。

机床精度检查应按表 8.8 逐项进行，也可按表 8.9 进行。如有超差，要加以调整，调整后必须重新做空运转试验或工作精度检查。

表 8.8　立式车床几何精度检验方法及调整

序号	项　目	允差/mm	工 艺 说 明
1	床身立柱导轨对工作台面的不垂直度 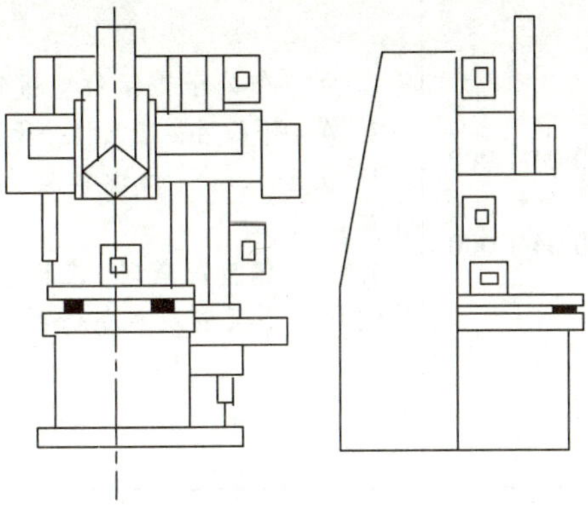	0.03/100	1. 水平仪要在床身立柱导轨的两个位置进行检查：一个是距导轨上端一个水平仪长度地方，另一个是距导轨下端一个水平仪长度的地方。 2. 等高垫铁对称于工作台中心，垫在平尺两端 2*L*/9 处。 3. 误差以水平仪读数最大差值计算。 4. 当垂直于横梁导轨的不垂直度超差时，可调整地脚垫铁。 5. 当平行于横梁导轨的不垂直度超差时，应刮工作台与床身立柱的结合面
2	工作台面的不平度 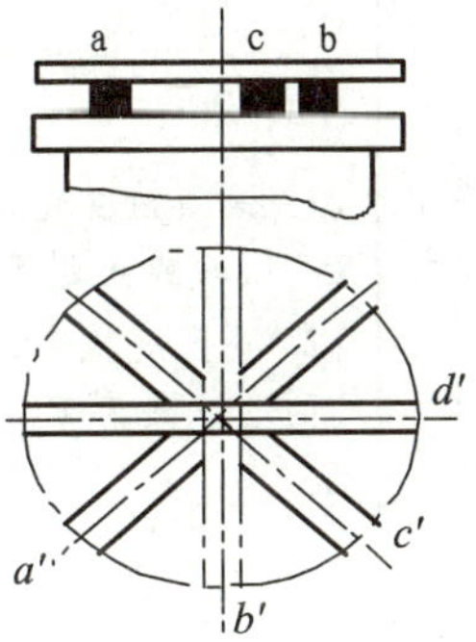 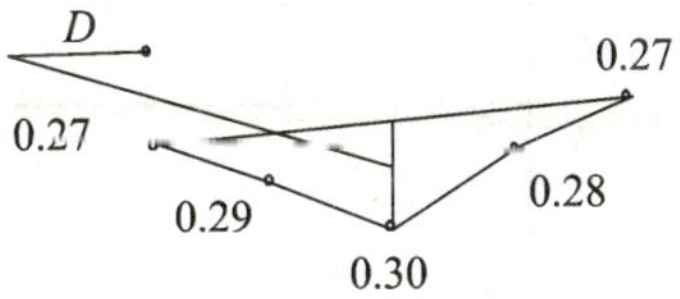	0.03/1 000 全长：0.03	1. 距工作台中心相等的地方（距平尺两端 2*L*/9，*L* 为平尺长度）放两个等高垫块 a、b，用量块 c 逐一塞得平尺与工作台面的每段间隙，画出曲线。误差以曲线包容线最大坐标值计算。例如，从右端向左逐一塞得间隙为：0.27 mm、0.28 mm、0.30 mm、0.29 mm，0.27 mm，则 *D* 值为全长上的不平度。 2. 平尺按图示 *a*′、*b*′、*c*′、*d*′ 几个位置进行检查。 3. 考虑热变形对此项精度的影响，在试车后，应停放一定时间，使工作台温度下降为正常温度后，再自车工作台台面。 4. 该项精度超差时，应检查自车工作台台面所用刀架各项精度是否合格
3	工作台端面与径向跳动 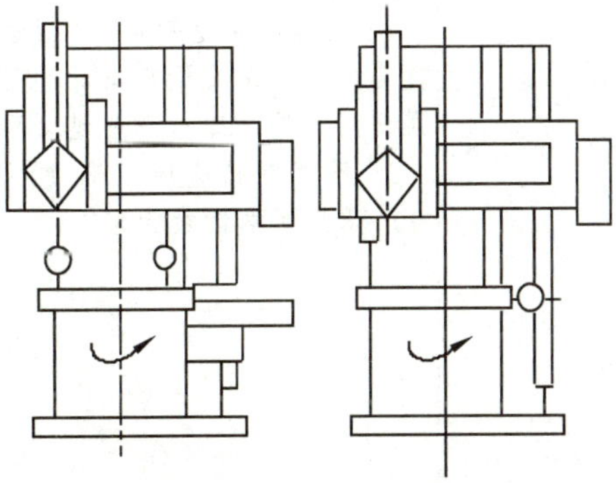	端面：0.02 径向：0.02	1. 端面跳动应在相对 180° 的两个位置检查。 2. 采用最低转速或手动检查。 3. 误差以一个位置百分表读数的最大差值计算。 4. 该项精度超差时，应重新调整主轴轴承径向间隙，检查齿圈与传动轴齿轮啮合间隙的均匀性

续表

序号	项　　目	允差/mm	工 艺 说 明
4	横梁移动时的倾斜 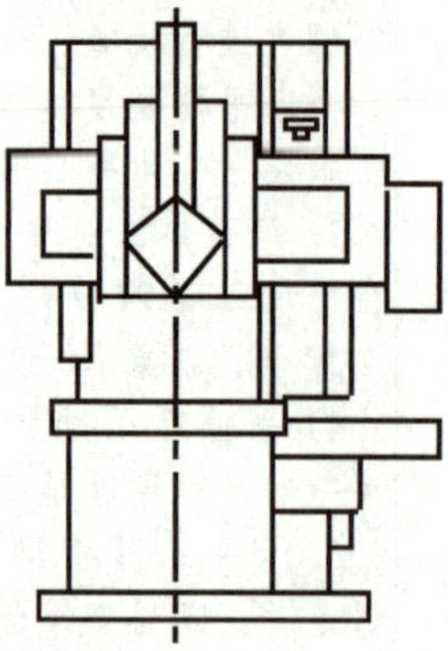	0.04/1 000 全长： 0.04/1 000	1. 立刀架处于图示位置进行检查。 2. 横梁下降后，应回程一段再检查。 3. 误差以水平仪读数最大代数差计算。 4. 该项精度超差时，应检查床身立柱侧导轨不直度及斜条研刮情况
5	立刀架水平移动对工作台面的不平行度（包括立刀架移动的不直度） 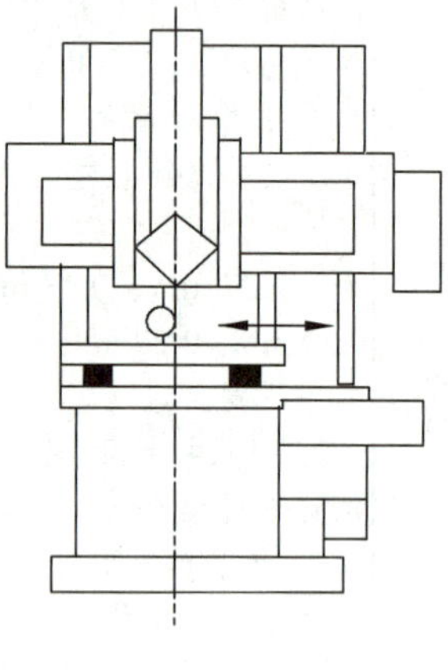	0.04 只许横梁中间向工作台偏（不直度在半径上：0.03）	1. 该项精度超差时，应重调横梁上55° 压板或重刮 55° 导轨 2. 不直度检查时，应使百分表在平尺两端读数为零
6	立刀架垂直移动对工作台面的不垂直度（包括立刀架移动的不直度） 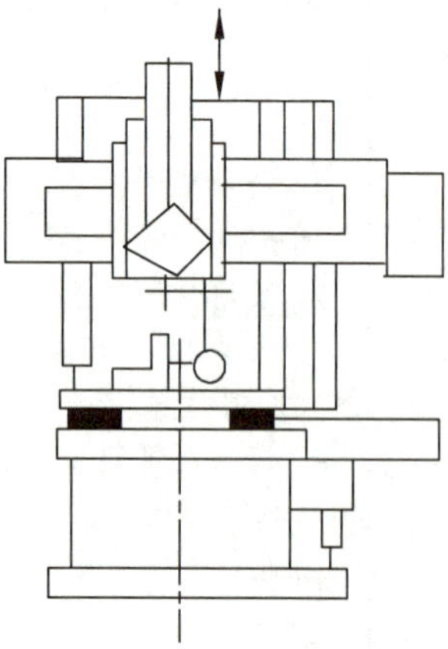	0.02/500 （不直度在滑枕全部行程：0.02）	1. 该项精度超差时，平行于横梁导轨面方向，垂直于横梁导轨面方向，则调刮回转滑座和滑座结合面为宜。 2. 不直度检查时，应使百分表在90° 角尺两端读数为零

续表

序号	项　　目	允差/mm	工 艺 说 明
7	（1）五角刀台工具孔中心线对五角刀台滑枕垂直移动的不平行度； （2）五角刀台工具孔和工作台回转中心线的不同轴度 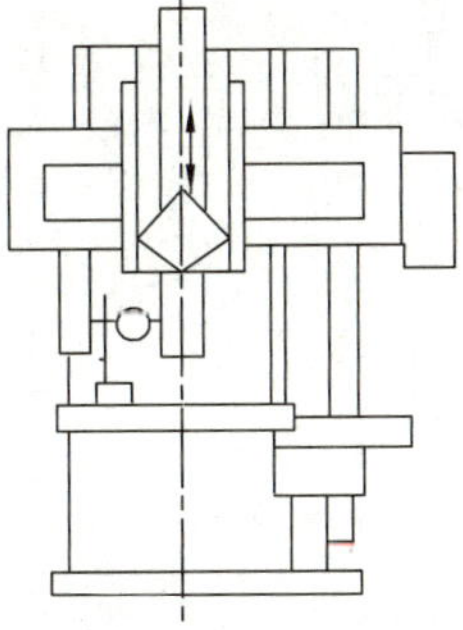 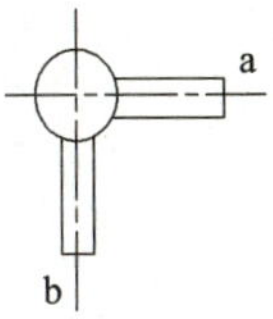	a、b 方向： 0.03/300 0.03	1. 此两项精度较难控制，修复时应注意以下几点： （1）工作台精度稳定。 ① 空运转试验前和工作试验后，工作台面对床身立柱导轨的不垂直度的数值应保证一致。 ② 工作台在回转工作中，水平稳定。 ③ 轴、径向跳动在允差之内。 （2）各刮研面及心轴接触良好。 （3）五角刀台定位精度稳定。 2. 不平行度检查时，应将检棒转 180° 再检，两次测量的结果代表和的一半，即为不平行度误差。 3. 不同轴度误差以百分表读数的最大差值的一半计算
8	侧刀架滑枕移动对工作台面的不平行度（包括滑枕移动的不直度） 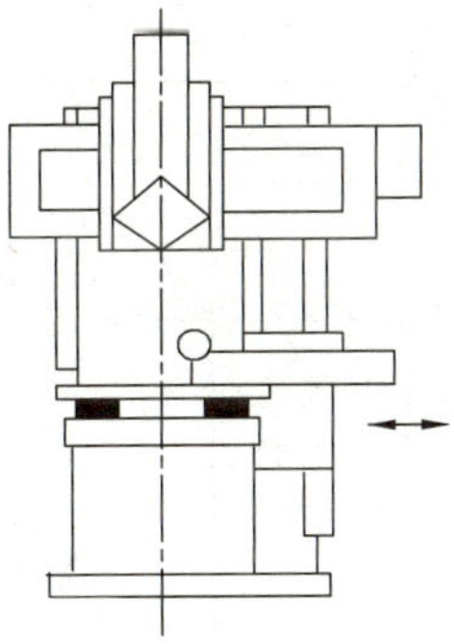	0.04 滑枕伸出时，只许向工作台面斜（在滑枕全部行程上：0.02）	该项精度超差时，调刮侧刀架上 55° 压板
9	侧刀架垂直移动对工作台面的不垂直度（包括移动的不直度） 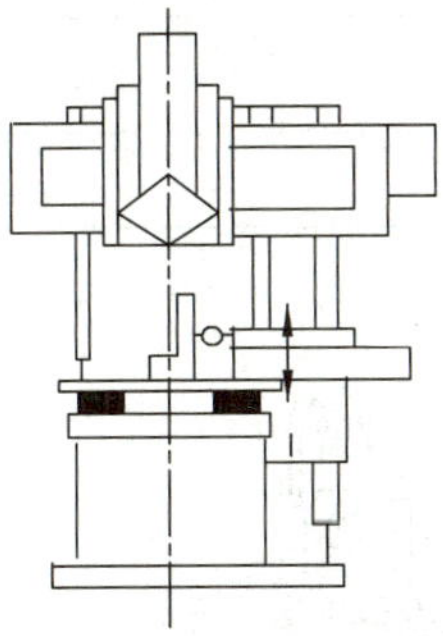	0.02/500 （全部行程上：0.02）	该项精度超差时，应重新调整工作台面对床身立柱导轨的不垂直度（左、右），并照顾其他各项相关精度

注：1. 本标准适用于单柱和双柱立式车床。
2. 机床如因结构特殊，不能在规定长度上测量误差时，可按能够测量的最大长度折算。折算结果小于 0.005 mm 时，仍按 0.005 mm 计。
3. 机床如有几个相同的部件（如立柱、刀架、工作台等），每个部件都应按有关项目检验。
4. 在检验机床精度前，首先要调整好机床安装水平。在工作台中央放两个水平仪，一个和立柱导轨平行，另一个和立柱导轨垂直，调整机床安装水平。水平仪的读数不允许超过 0.04 mm/1 000 mm。

表 8.9　立式车床精度检验——摘自《单柱、双柱立式车床　精度检验》(JB/T 4116—1996)

<table>
<tr><td colspan="3">检验 A</td></tr>
<tr><td colspan="3">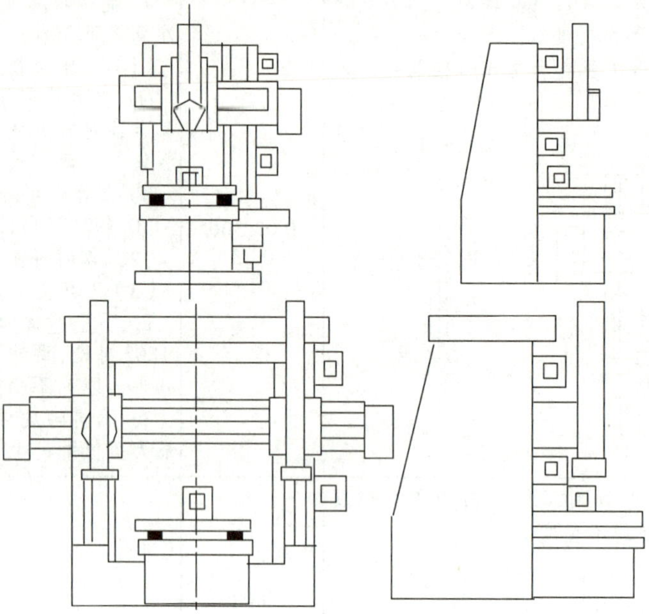
(a)　　　　(b)</td></tr>
<tr><th>检 验 A</th><th>检 验 方 法</th><th>允　差/mm</th></tr>
<tr><td>立柱导轨对工作台面的不垂直度:
(a) 在平行于横梁导轨的平面内;
(b) 在垂直手横梁导轨的平面内</td><td>在工作台面上,距工作台中心相等的地方,放两个高度相等的量块: a 和立柱导轨平行, b 和立柱导轨垂直。量块上再放一根平尺,将水平仪放在平尺上和靠在立柱导轨面上,分别检验立柱和工作台面的不垂直度。
平尺上水平仪和立柱上水平仪读数的最大代数差值,就是不垂直度的误差</td><td>a 及 b 均为 0.04/1 000</td></tr>
<tr><td colspan="3">1. 机床精度检验</td></tr>
<tr><td colspan="3">检验 1</td></tr>
<tr><td colspan="3">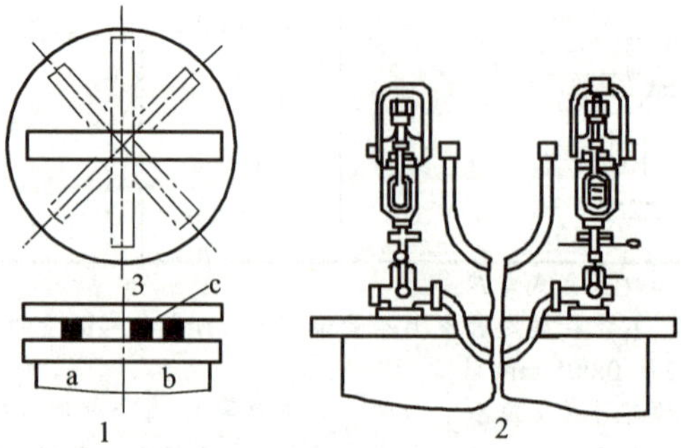

(a)　　　　(b)</td></tr>
</table>

续表

检验 1	检 验 方 法	允 差/mm			
工作台面的不平度	1. 在工作台面上图中 3 规定的方向，距工作台中心相等的地方，放两个高度相等的量块 a 和 b。量块上再放一根平尺。用量块 c 和塞尺检验工作台面和平尺检验面间的间隙，如图（a）所示。 2. 工作台直径大的机床，按图中 3 规定的方向，用连通器检验各个方向的不直度，如图（b）所示	最大车削直径/m			
		≤1.6	≤2.5	≤4	≤6.3
		在工作台每 1 m 直径上为 0.03			
		在工作台直径全长上为			
		0.04	0.05	0.06	0.08
		工作台只许下凹			

检验 2

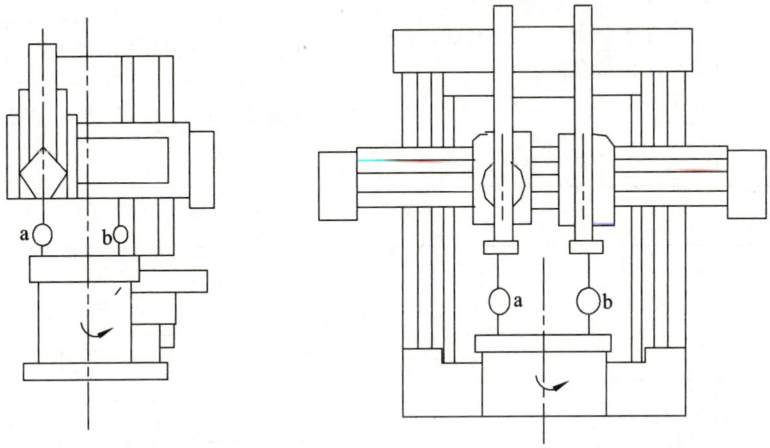

检验 2	检 验 方 法	允 差/mm			
工作台面的端面跳动	将千分表固定在机床上，使千分表测头顶在工作台面上靠近边缘的地方。旋转工作台，在相隔 180° 的 *a* 点和 *b* 点检验。 *a*、*b* 的误差分别计算，千分表读数的最大差值，就是端面跳动的数值	最大车削直径/m			
		≤1.6	≤2.5	≤4	≤6.3
		0.04	0.05	0.06	0.07

检验 3

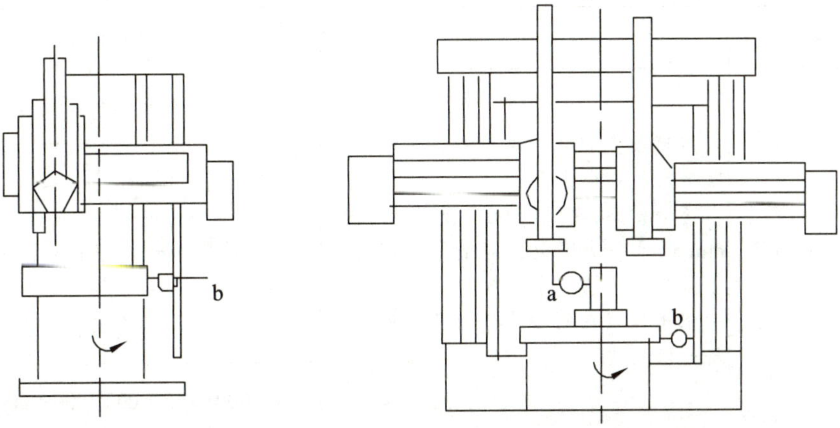

续表

检验 3	检 验 方 法	允 差/mm			
工作台的径向跳动	1. 在工作台中心孔中紧密地插入一根检验棒。将千分表固定在机床上，使千分表测头顶在检验棒表面上，旋转工作台检验。 2. 工作台的径向跳动可以用检验工作台侧面检验带的跳动代替。 千分表读数的最大差值，就是径向跳动的数值	最大车削直径/m			
		≤1.6	≤2.5	≤4	≤6.3
		a			
		0.025	0.03	0.04	0.05
		b			
		0.04	0.05	0.06	0.07
		检验方法中的 1 和 2 可根据实际情况选用一种			

检验 4

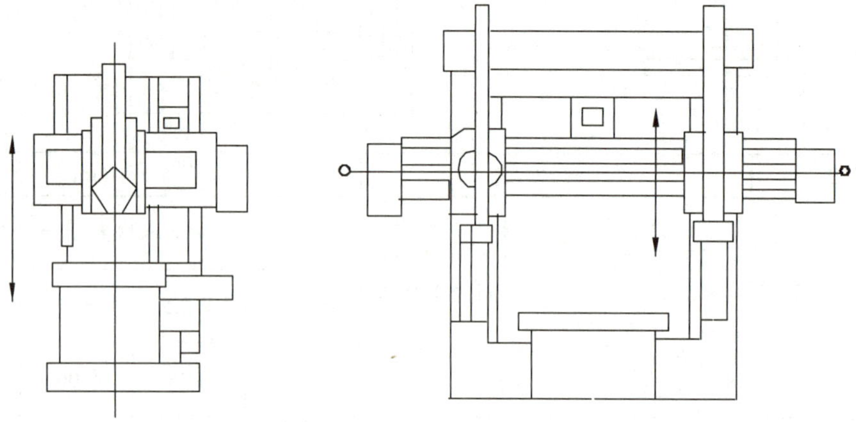

检验 4	检 验 方 法	允 差/mm			
横梁移动时的倾斜	在横梁上导轨中央位置，和横梁导轨平行放一个水平仪。 移动横梁，每隔 500（或小于 500）mm 记录一次读数，在横梁全部行程上至少要记录 3 个读数。 水平仪读数的最大代数差，就是倾斜的误差	最大车削直径/m			
		≤1.6	≤2.5	≤4	≤6.3
		在横梁 1 m 行程上为 0.04/1 000			
		在横梁全部行程上为			
		0.04/1 000	0.05/1 000	0.06/1 000	0.07/1 000

续表

检验 5

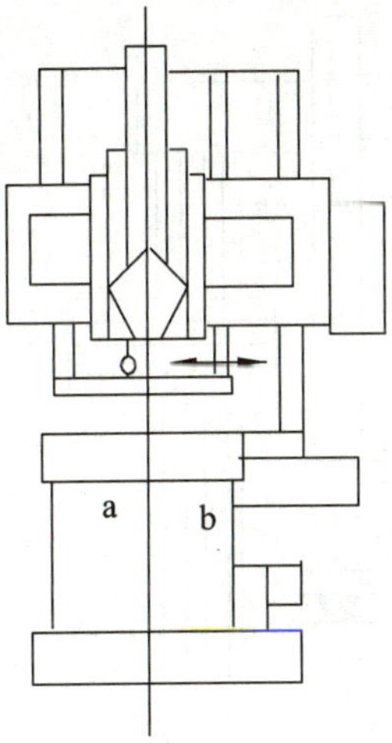

（a）

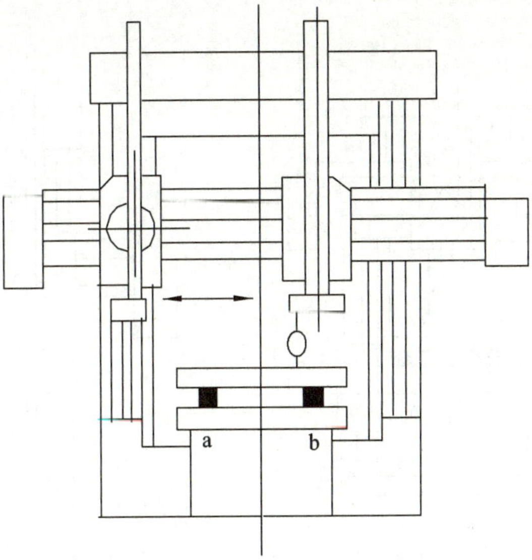

（b）

<table>
<tr><th>检验 5</th><th>检 验 方 法</th><th colspan="4">允 差/mm</th></tr>
<tr><td rowspan="8">1. 上刀架水平移动对工作台面的不平行度

2. 上刀架水平移动的不直度</td><td rowspan="8">1. 在工作台面上，离工作台中心距离相等处和横梁平行放两个高度相等的量块 a 和 b，量块上放一根平尺。
将千分表固定在上刀架上，使千分表测头顶在平尺检验面上，移动刀架检验。
千分表在指定长度的最大读数差值，就是不平行度误差。
2. 用其他高度的量块代替量块 a 和 b 中的一个，调整平尺，使刀架在平尺两端时千分表的读数相等，移动上刀架检验。
一个刀架检验时，另一个刀架应当位于立柱前，千分表的最大读数差值，就是不直度误差</td><td colspan="4">最大车削直径/m</td></tr>
<tr><td>≤1.6</td><td>≤2.5</td><td>≤4</td><td>≤6.3</td></tr>
<tr><td colspan="4">1. 在刀架每 1 m 行程上为</td></tr>
<tr><td colspan="2">0.04</td><td colspan="2">0.05</td></tr>
<tr><td colspan="4">只许横梁中间向工作台偏</td></tr>
<tr><td colspan="4">2. 在工作台半径上为
（对环状工作台则在全宽上）</td></tr>
<tr><td>0.03</td><td>0.04</td><td>0.05</td><td>0.06</td></tr>
<tr><td colspan="4">注：上刀架即垂直刀架及立刀架（以下皆同）</td></tr>
</table>

续表

检验 6

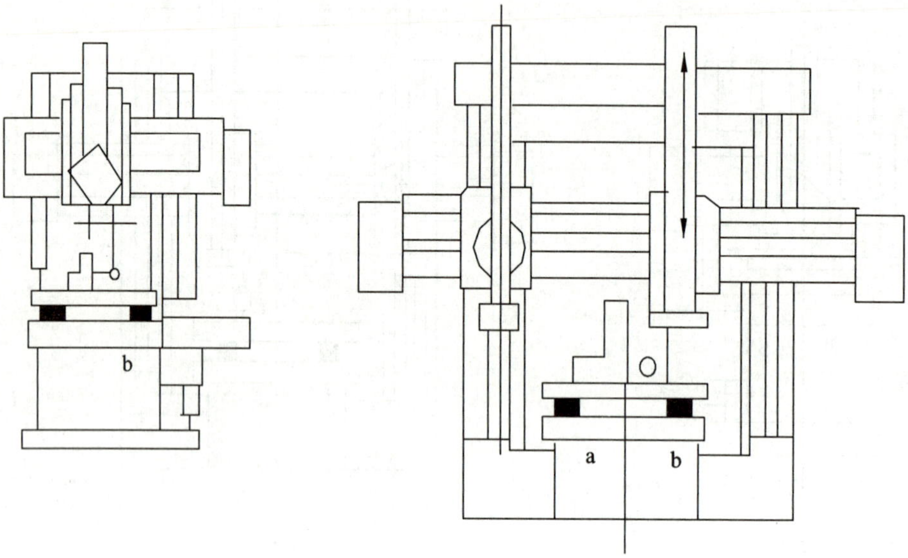

<table>
<tr><th>检验 6</th><th>检 验 方 法</th><th colspan="4">允 差/mm</th></tr>
<tr><td rowspan="8">1. 上刀架垂直移动对工作台面的不垂直度
2. 上刀架垂直移动的不直度</td><td rowspan="8">1. 在工作台上，离工作台中心距离相等处和横梁平行放两个高度相等的量块，量块上放一根平尺。在平尺上放一个角尺。角尺检验面应当垂直于立柱导轨面。将千分表固定在上刀架上，使千分表测头顶在角尺检验面上，移动滑枕检验。千分表的最大读数差值，就是不垂直度误差。
2. 量块 a 和 b 中的一个，用其他高度的量块代替，调整角尺，使滑枕在行程两端时千分表的读数相等，移动滑枕检验。千分表的最大读数差值，就是不直度误差</td><td colspan="4">最大车削直径/m</td></tr>
<tr><td>≤1.6</td><td>≤2.5</td><td>≤4</td><td>≤6.3</td></tr>
<tr><td colspan="4">1. 在滑枕 500 毫米行程上为</td></tr>
<tr><td colspan="4">0.02</td></tr>
<tr><td colspan="4">2. 在滑枕全部行程上为</td></tr>
<tr><td>0.02</td><td>0.025</td><td>0.03</td><td>0.04</td></tr>
<tr><td colspan="4">注：有回转头的机床，还应在垂直于立柱导轨的平面进行这两项检验</td></tr>
</table>

续表

检验 7

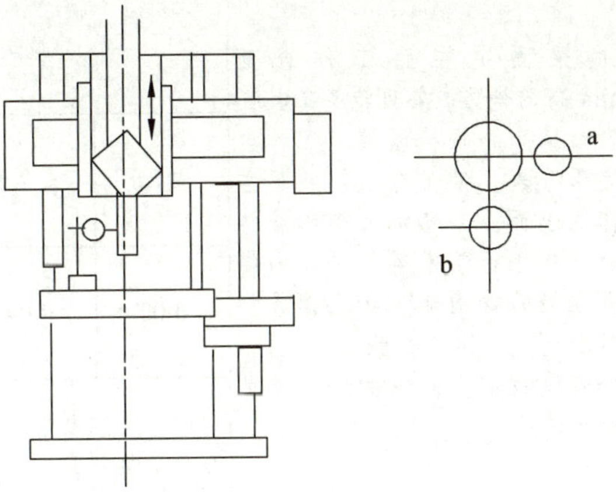

<table>
<tr><td>检验 7</td><td>检 验 方 法</td><td colspan="4">允 差/mm</td></tr>
<tr><td rowspan="6">回转头工具孔中心线对回转头滑枕垂直移动的不平行度</td><td rowspan="6">在回转头工具孔中紧密地插入一根检验棒。将千分尺固定在工作台上，使千分尺测头顶在检验棒的表面上，移动滑枕，分别在：a 与横梁平行的平面内和 b 与横梁垂直的平面内的母线上检验。a、b 的测量结果分别以千分表读数的最大差值表示。然后，拔出检验棒，旋转检验棒 180° 重新插入工具孔中，同样检验一次。
a、b 的误差分别计算。两次测量结果的代数和的一半，就是不平行度的误差</td><td colspan="4">最大车削直径/m</td></tr>
<tr><td>≤1.6</td><td>≤2.5</td><td>≤4</td><td>≤6.3</td></tr>
<tr><td colspan="4">a 及 b 在 300 测量长度上为</td></tr>
<tr><td colspan="2">0.03</td><td colspan="2">—</td></tr>
<tr><td colspan="4">注：本项检验只适用于有回转头（即回转刀台）的机床</td></tr>
</table>

检验 8

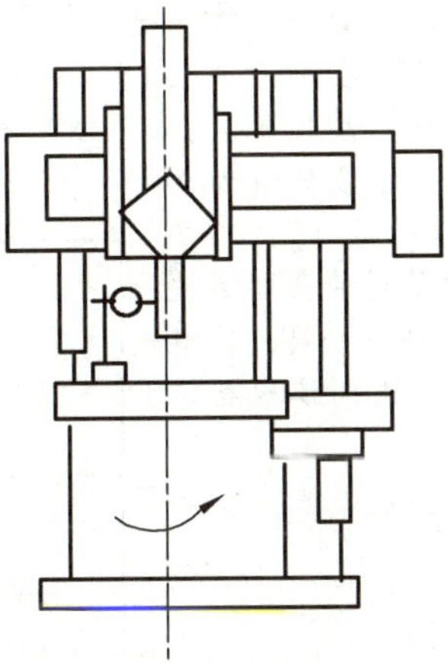

续表

<table>
<tr><th>检验 8</th><th>检 验 方 法</th><th colspan="4">允 差/mm</th></tr>
<tr><td rowspan="4">回转头工具孔和工作台回转中心线的不同轴度</td><td rowspan="4">把横梁固定在距工作台面300 mm高的地方，在回转头工具孔中紧密地插入一根检验棒。工作台上固定千分表，使千分表测头顶在检验棒的表面上，移动刀架和旋转工作台，在平行于横梁的平面内使千分表在检验棒两侧母线上读数相等。然后旋转工作台检验。
千分表读数最大差值的一半就是不同轴度误差</td><td colspan="4">最大车削直径/m</td></tr>
<tr><td>≤1.6</td><td>≤2.5</td><td>≤4</td><td>≤6.3</td></tr>
<tr><td>0.03</td><td>0.04</td><td>0.05</td><td>—</td></tr>
<tr><td colspan="4">注：本项检验只适用于有回转头（即回转刀台）的机床</td></tr>
</table>

检验 9

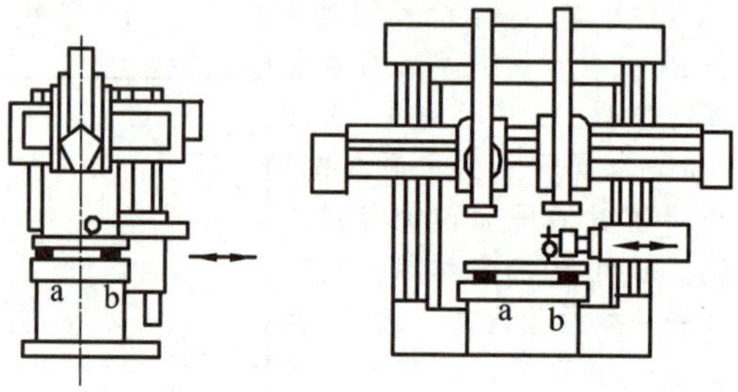

<table>
<tr><th>检验 9</th><th>检 验 方 法</th><th colspan="4">允 差/mm</th></tr>
<tr><td rowspan="7">1. 侧刀架滑枕移动对工作台面的不平行度
2. 侧刀架滑枕移动的不直度</td><td rowspan="7">1. 在工作台面上，离工作台中心距离相等的地方，和横梁平行放两个高度相等的量块，量块上放一根平尺。将千分表固定在侧刀架上，使千分表测头顶在平尺检验面上，移动滑枕检验。千分表的最大读数差值，就是不平行度误差。
2. 用其他高度的量块代替量块 a 和 b 中的一个，调整平尺，使滑枕在行程两端时千分表的读数相等。移动滑枕检验。
千分表的最大读数差值，就是不直度误差</td><td colspan="4">最大车削直径/m</td></tr>
<tr><td>≤1.6</td><td>≤2.5</td><td>≤4</td><td>≤6.3</td></tr>
<tr><td colspan="4">1. 在滑枕每 1 m 行程上为</td></tr>
<tr><td colspan="2">0.04</td><td colspan="2">0.05</td></tr>
<tr><td colspan="4">滑枕伸出时只许偏向工作台</td></tr>
<tr><td colspan="4">2. 在滑枕全部行程上为</td></tr>
<tr><td>0.02</td><td>0.03</td><td>0.04</td><td>0.05</td></tr>
</table>

续表

检验 10

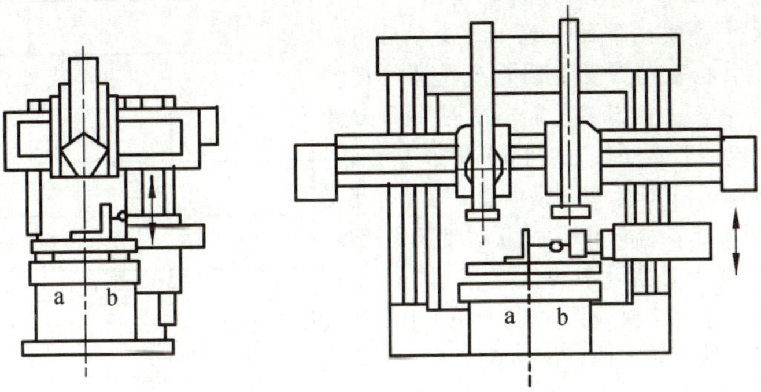

检验 10	检验方法	允　差/mm			
1. 侧刀架垂直移动对工作台面的不垂直度 2. 侧刀架垂直移动的不直度	1. 在工作台面上，离工作台中心距离相等的地方，和横梁平行放两个高度相等的量块，量块上放一根平尺，平尺上放一角尺。角尺检验面应垂直于立柱导轨面。将千分表固定在侧刀架上，使千分表测头顶在角尺检验面上。移动侧刀架检验，千分表的最大读数差值，就是不垂直度误差。 2. 用其他高度的量块代替量块 a 和 b 中的一个。调整角尺，使刀架在行程两端时千分表的读数相等。移动侧刀架检验，千分表的最大读数差值，就是不直度误差	最大车削直径/m			
		≤1.6	≤2.5	≤4	≤6.3
		1. 刀架 500 行程上为 0.02			
		2. 刀架全部行程上为			
		0.02	0.025	0.03	0.04

2．机床工作精度检验

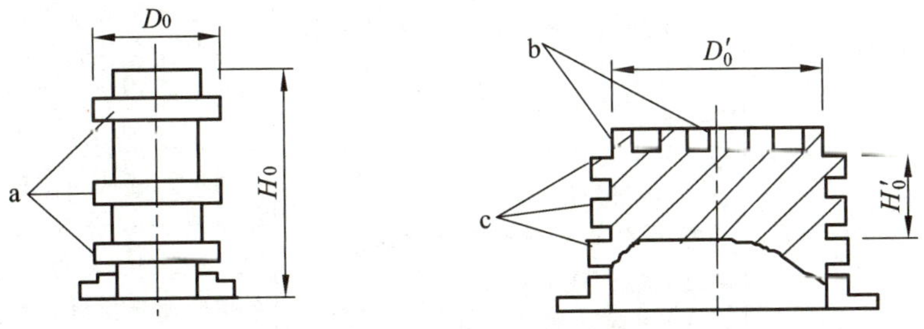

（a）　　（b）

$D_0 = \frac{1}{4}D$（最大车削直径），但不大于 2 000 mm　　$D_0' = \frac{3}{4}D$（最大车削直径）

$H_0 = 2D_0$，但不大于 1 500 mm　　$H_0' = \frac{1}{4}H$（最大车削高度），但不大于 500 mm

续表

<table>
<tr><td>检验 11</td><td>检 验 方 法</td><td colspan="12">允 差/mm</td></tr>
<tr><td rowspan="12">用上刀架和侧刀架精车试件的几何精度</td><td rowspan="12">1. 用上刀架和侧刀架车削图（a）所示尺寸铸铁试件的凸缘 a，精车后用万能工具检验椭圆度、圆锥度及圆柱度。
2. 对某些侧刀架不能车削图（a）试件的机床，可改为车削图（b）所示尺寸试件的凸缘 c，精车后用不动的侧基面（专用角尺）万能工具检验椭圆度、圆锥度及圆柱度。
3. 用上刀架及侧刀架车削图（a）、（b）所示尺寸的铸铁试件端面图（b）用于最大车削直径为 4 m 的机床。精车后，用平尺和塞尺或液体头检验端面的不平度。
试件凸缘 a、b、c 的分布，应保证在每个刀架行程长度内，被加工凸缘至少为 3 个</td><td colspan="12">最大车削直径/m</td></tr>
<tr><td colspan="3">≤1.6</td><td colspan="3">≤2.5</td><td colspan="3">≤4</td><td colspan="3">≤6.3</td></tr>
<tr><td colspan="12">1. a 在试件直径上为</td></tr>
<tr><td colspan="3">0.015</td><td colspan="3">0.020</td><td colspan="3">0.025</td><td colspan="3">0.030</td></tr>
<tr><td colspan="12">b 在试件全部长度上为</td></tr>
<tr><td colspan="4">0.03</td><td colspan="4">0.04</td><td colspan="4">0.05</td></tr>
<tr><td colspan="12">2. 在试件全部长度上为</td></tr>
<tr><td colspan="6">0.025</td><td colspan="6">0.03</td></tr>
<tr><td colspan="12">3. 在试件直径上为</td></tr>
<tr><td colspan="3">0.05</td><td colspan="3">0.06</td><td colspan="3">0.08</td><td colspan="3">0.10</td></tr>
<tr><td colspan="12">只许凹</td></tr>
</table>

8.5 试车中常见故障及其消除方法

机床试车中常见故障及其消除方法见表 8.10。

表 8.10 试车中常见故障及其消除方法

序号	故 障 内 容	产 生 原 因	消 除 方 法
1	C5112A 型立车错变速、打齿	1. 错变速原因 （1）电气变速开关接触不好。 （2）电磁滑阀失灵。 ① 电磁铁顶块螺钉松落。 ② 滑阀动作不灵。 （3）油缸柱塞及拨叉拉杆别劲。 （4）锁杆动作不灵。 2. 打齿原因 （1）启动打齿。 ① 联锁管太细。 ② 定位阀与锁杆无销钉连接。 （2）紧急停车打齿。 （3）错变速停车打齿	1. 错变速消除方法 （1）使电气开关接触良好。 （2）旋紧螺钉；使电磁滑阀灵敏。 （3）调整拨叉拉杆与柱塞的位置。 （4）增大锁杆行程和压力。 2. 消除打齿方法 （1）加粗联锁管。 （2）定位杆和锁杆加销钉。 （3）加长“1JS”时间继电器延时时间，以 5~6 s 为宜。 （4）如若从 4，5，16，20，63，80 转变为 6.3，8，25，31.5，100，125 转速时，或由此变回去，特别是在高转速变换时，建议先变为 10，12.5，40，50 等转速中一种，然后，再向要求转速变换
2	C5112A 型立车进给箱变速拉杆错位	1. 拉杆定位钢球，没被上盖压紧，定位失灵。 2. 弹簧不起作用	1. 压紧钢球，使拉杆定位准确。 2. 更换弹簧

续表

序号	故障内容	产生原因	消除方法
3	移动件爬行	1. 相对移动件动、静摩擦系数相差较大。 2. 导轨研伤，修复质量不良。 3. 传动件松动	1. 选择动、静摩擦系数相差小的材料，镶于滑动导轨上（如锌铝铜合金板与铸铁摩擦副）。 2. 防止传动件松动。 3. 选择适宜的润滑油
4	横梁升降水平不稳定	1. 横梁升降丝母和丝杠间隙过大。 2. 导轨、斜条、棒铁接触不良	1. 移动横梁后，应反方向行程一段距离，以消除间隙。 2. 检查滑移面接触是否良好
5	工作台变速箱传动锥齿轮副研伤	1. 锥齿轮副齿侧间隙过大。 2. 锥齿轮副啮合不正确。 3. 锥齿轮本身淬火不良	调整控制锥齿轮副的齿侧间隙，使其正确啮合
6	立刀架进刀量不稳定	1. 斜条松动（立刀架滑枕）；背帽紧固不牢 2. 立刀架回转座和滑座紧固不牢	1. 用塞尺塞试各导轨面，检查结合面接触情况。 2. 检查各零件是否有松动现象

参考文献

[1] 中国机械工程学会设备维修专业学会《机修手册》第3版编委会. 机修手册[M]. 3版. 北京：机械工业出版社，1993.

[2] 徐嘉元，曾家驹. 机械制造工艺学[M]. 北京：机械工业出版社，1998.